JN078190

あらゆる教養試験に対応！

公務員試験
速攻の英語

資格試験研究会編
実務教育出版

公務員試験では「英語」で点を取ろう！

★公務員試験の英語の特徴

　本書は，公務員試験における英語の対策に特化した本である。公務員試験には大学受験などとは異なる特有の性質があり，ポイントさえつかんでしまえば，大学受験に比べてはるかに楽で効率的な対策が可能となる。そこで，まずは公務員試験の英語の特徴を確認してみよう。

●教養試験では必ず課される

　ほとんどの公務員試験では五肢択一式の教養試験（基礎能力試験）を課しており，300〜400語程度の長文を題材にした英語の問題が出題されている。これらは多くの場合「文章理解」として出題されるが，一部の試験では「英語」という科目名で，短文の和訳や英訳などが出題される。

　教養試験の特徴として押さえておきたいのは，時間が足りないということだ。何十分も時間をかければ，たいていの問題は解けてしまうが，だからといって「なんだ簡単だ」などと勘違いしてしまうと取り返しのつかないことになる。試験時間内に解答しなければならないのは英語だけではないのだ。実際に，受験者の多くは教養試験については試験時間をフルに使って問題の解答に当たっているので，英語についてもできるだけ短い時間で解答し，より多くの問題に取り組めるようにする必要があるのだ。長文の英文読解といえども，1問に充てられる時間は数分と考えておくべきである。

　専門試験で英語を出題する試験は多くないが，国家一般職［大卒］（行政区分）と国税専門官，財務専門官では，選択科目として英語が出題されている。専門試験では教養試験ほど時間不足を感じないが，試験時間が限られていることに違いはない。

●択一式試験で出題される

　公務員試験で英語が出題されるのは，ほとんどが択一式の試験である。択一式試験とは，提示された選択肢の中から「正しい」と思われるものを選ぶものである。ごく一部の限られた試験・自治体（外務省専門職員，国会図書館，防衛省専門職員など）では記述式などの形式での試験も行われるが，大半の試験では，英語が必要になるのは択一式試験だけである。

　択一式試験であるということは，選択肢の正誤を判断するのに必要な範囲で英文を読めればよいのであって，全訳にこだわる必要はない。また，選択肢それ自体も問題を解くためのヒントになる。

●内容把握が出題形式の中心である

出題形式は、「内容把握」が中心である。「内容把握」とは、与えられた長文の内容と合致した選択肢を選ぶ形式である。そのほかの出題形式としては、長文全体の要旨を問われる「要旨把握」があるが、近年はこの出題形式は減少している。「空欄補充」が出題されることもあるが、空欄に文章を当てはめさせることはあまりなく、前置詞やキーワードの当てはめが多い。「文章整序」は、複数の文を並べ替えて筋の通った文章を成り立たせる問題形式であるが、英語に関してはこの形式は少ない。

●日本語から内容を推測できる

最近では国家公務員試験を中心として、長文の前に「以下は○○に関する記述である」といった説明が置かれることが増えているし、日本語の選択肢を概観すると何について書かれた英文なのかがだいたいわかる。まったく白紙の状態で英文を読むのに比べ、あらかじめアタリをつけてから読めるので時間の短縮につながる。

ただし、国家一般職の専門試験や、教養試験でも国家総合職などでは、問題文や選択肢もすべて英語のものがある。

●出典は新聞・雑誌が多い

人事院などの発表によると、出典とされる文章は英字新聞や雑誌の記事が多い（『Newsweek』や『TIME』など）。小説などのフィクションが出題されることは少なく、日本やアメリカをはじめとする世界各地で起きた実際の出来事に関する内容が多い。極端な話、社会問題などを論じた英文であるのなら、架空社会ではなく、現実社会で生じている問題が言及されていると決めつけてしまってもあながち的外れではないのだ（本来ならば、与えられた英文を先入観なく読むべきであるのだが）。

実際の世の中の出来事が題材とされているのであれば、それらの社会問題を日本語で理解していれば選択肢を絞り込むのに役立つし、英文理解の手がかりにもなる。

●外部の英語試験で加点される●

国家総合職試験で外部英語試験が活用される。TOEFL（iBT）、TOEIC、IELTS、実用英語技能検定でのスコア等によって所定の点数が加算される。

地方自治体の中にも英語資格による加点を行っている自治体がある。**秋田県**（大学卒業程度）、**山梨県**（警察官）、**三重県**（A試験）、**福井県**（I種）、**島根県**（警察官）、**岡山県**（警察官）、**佐賀県**（大学卒業程度）、**熊本県**（大学卒業程度等、警察官）、**大分県**（警察官）、**沖縄県**（警察官A）、**千葉市**（上級事務〔行政B〕）などである。対象となる外部試験、加点される点数などは自治体ごとに異なる。

★公務員試験ならではの英語の解き方

　以上に挙げた事柄を整理すると，
・できるだけ短時間で解答する。
・ゼロから英文を読み解く必要はない（全訳は必要ない）。
・正答の選択肢の選び方に習熟すればよい。
・問題文や選択肢の日本語をヒントとして活用する。
・困ったら社会常識に照らして考える。
という「公務員試験の英語」の特徴に即した問題の解き方が見えてくる。

①まず選択肢を読む

　英文を読み始める前に，ざっと選択肢に目を通しておく。5つのうち4つは間違っているとしても，本文になんらかの関連があるものなので，それらを先に読むことで本文の内容を予想でき，素早く読解できるので効果的である。

　ただし，誤った情報がインプットされてしまうおそれがあるため，深く読み込むのではなく，重複する名詞（キーワード）を拾って，テーマを予測する程度にとどめる。

②第1パラグラフに集中する

　英文は，一般に論理的な文章であるといわれ，多くの場合，構成が明確で，どこに何が書かれているかわかりやすい文章になっている。パラグラフについても，第1文にキーセンテンスが置かれ，それに対して言い換え表現や具体例が補足される形をとる。そのため，ネイティブの人が英文の速読をするときには，キーセンテンスのみ拾い読みをするという。英文の読解でも同様，第1文に注意して読んでいく。

　この段階でいくつかの選択肢の正誤が判断できるし，場合によっては正答がわかることもある。

③論理の道筋を理解する

　ほとんどの場合，英文の大まかな内容を把握すればよいので，細かい文法や単語にこだわらず，論理に着目して読み進めていく。英文では，第1パラグラフでその文章の命題を置いたうえで，第2パラグラフ以降でデータ（具体例や比喩）を挙げて，論証をしていくパターンのものが多い。このような論理構成をつかめれば，多少単語の意味がわからなくとも，長文の大意を把握することができる。

　なお，文章を読むときには，キーセンテンス，キーワード，接続詞などに線や印を付ける視覚的にもわかりやすい読み方が望ましい。線や印を付けることで，内容の理解も正確になるし，短時間で選択肢と本文を照らし合わせることもできるようになる。

④文法に照らして考える

　長文の問題で文法が直接に問われることはまずないが，選択肢の引っかけを見抜くためには文法の知識が必要になる場合もある。問題に当たる場合には，まず，どの部分が，主語，動詞，目的語，補語であるのかが理解できるようにするとよい。

　ただし，③までの手順でかなり選択肢が絞れているはずなので，文法を気にするのは最後でよい。

★本書の構成

　巻頭特集と PART 1 では，公務員試験の長文でキーワードとなることの多い用語をまとめる。大学入試などではあまり見られないような時事的な用語も多いが，ここで挙げている単語を押さえれば「何について書いているのかわからない」といった事態は避けられるだろう。

　PART 2 と PART 3 では，文法および短文読解法についてまとめる。直接的には文法問題の得点力アップをねらう。出題される試験は一部であるが，文法問題は解答時間が短くて済むので，スラスラ解けるようにしておけば長文読解に割く時間を長く確保できる。また，長文中のキーセンテンスをいかに読みこなすかは読解のカギであるし，文法の知識は「最後に残った紛らわしい2つの選択肢のどちらが正答か」を判断する決め手になったりする。したがって，この2つのパートはざっとでも確認しておきたい。

　PART 4 では，長文読解法についてまとめる。ここまで述べてきた「公務員試験の英語の特徴」やそれを踏まえた「問題の解き方」にのっとって，公務員試験の実問を素材として取り上げながら解き方のポイントを解説する。各問題の「全訳」を付してあるが，あくまでもそれは「参考資料」であり，全訳文を見なくても解答できるように解説している。

　PART 5 では，国家一般職［大卒］行政区分と国税専門官，財務専門官の専門試験で出題される英語に特化して対策を伝授する。特に，国家一般職［大卒］の文法問題と国税専門官の商業英語は，やり方次第では少しの学習で得点源にできるので，この2試験を受験する人は見ておいてほしい。

　公務員試験の英語で得点を稼ぐために心掛けたいのは，「英文を読解することにこだわらず，択一式試験で正答の選択肢を正しく選ぶことに集中する」ということだ。学生時代に英語が不得意だったとしても，公務員試験ではそのハンデは小さくなるので，択一式試験の特性を生かすことを心掛けよう。

CONTENTS

＜時事英語＞
テーマベスト5

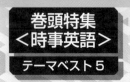

アフターコロナのグローバリズム

　グローバル化の進展は，新型コロナウイルス感染症の世界的な流行の大きな要因だったと言える。中国で最初に確認されたこのウイルスの感染は，国境を越えた人の移動により，またたく間に世界中に拡大した。各国は感染症対策として出入国制限を行い，日本も東京五輪の開催延期をはじめとして，大きな影響を受けた。グローバリズムの行方は，コロナ禍により大きな岐路に立たされている。

　2020年1月9日，**世界保健機関（WHO）**は，中国**武漢市（Wuhan）**における**肺炎（pneumonia）**の集団**発生（outbreak）**が，**新型コロナウイルス（novel[new] coronavirus）**によるものであるとする声明を出し，同年2月11日には，このウイルスによる**感染症（infection）**をCOVID-19と名付けた。COVIDはcoronavirus diseaseの略で，「19」は最初にウイルスが見つかった2019年を表している。

　厚生労働省は同年1月16日，武漢市に滞在し日本に帰国した男性から，新型コロナウイルスが検出されたと発表した。これが日本国内初の感染者だった。続く1月下旬の**春節(Chinese New Year)**休暇は，中華圏からの**訪日旅行(inbound tourism)**がピークとなる時期で，すでに新型コロナウイルスの影響による旅行者の減少は始まっていたものの，この時期の人の移動により国内にウイルスが持ち込まれたとも言われる。日本では3月に入ってから水際対策を本格化したが，すでに欧州で感染が拡大しており，イタリア，フランスなどからの帰国者の感染報告も相次いだ。

　その後，日本政府は，**入国拒否（refusal of entry）**および**渡航中止勧告（travel warning[alert]）**の対象国を追加していき，その数は159の国と地域に及んだが，国内の感染拡大の沈静化を受け，10月から徐々に制限を**緩和し（ease[relax]）**た。安倍前首相に代わって就任した菅義偉首相は，日本時間9月26日，ビデオ形式で行われた国連総会の**一般討論（general debate）**演説で，2021年夏の東京五輪・パラリンピックについて「人類が**疫病（epidemic）**に打ち勝った証し」として開催する決意を表明した。

　新型コロナウイルスの**世界的な流行（pandemic）**により，グローバルな人の移動は激減した。これまでもテロや犯罪を防ぐための**入国制限（entry restrictions, border control）**はたびたび提案されてきたが，自由や人権を尊重する声がそれに反対してきた。しかしコロナ禍においては，公衆衛生という反対しづらい理由が，**国境封鎖（border blockade）**措置を後押しした。新型コロナウイルスの感染拡大が終息に向かったとしても，今後の経済活動は，パンデミックの発生により各国が国境を封鎖する可能性を考慮しなければならないだろう。1980年代以降，主要国の企業

は海外に工場を**移転し**（relocate），グローバルな**供給網**（supply chain）を構築して生産の効率性を高めてきたが，今後は**国内生産**（domestic production）の強化に力を入れることになるかもしれない。観光業や宿泊業も，インバウンド需要に大きく依存する現在の体質の見直しを迫られている。

　グローバリズムの時代において，**国境**（bordor）が持つ意味は薄れてきたように思われていた。しかしアフターコロナの時代において，政府も企業も国内にもっと目を向けざるをえなくなるだろう。

《📖 読んでみよう》

> Japan will soon relax the entry restrictions on foreign nationals that were put in place to reduce the spread of the novel coronavirus into the country. From October 1, people with medium or long-term permission to stay, including medical and educational professionals, businesspeople, and students, are being allowed the entry. However, visa applicants will be required to meet strict conditions to receive permission to enter the country and new burdens will be placed on the visitors' sponsors, usually their employers or language schools. For example, they will be required to ensure that the visitors are quarantined for two weeks upon arrival in Japan.

《全　訳》

　日本は，国内への新型コロナウイルス感染拡大抑制のために実施されている外国人の入国制限をまもなく緩和する。10月1日より，医療・教育関係者，商用目的の人，学生など中長期の滞在許可を持っている人は，入国を認められる。とはいえ，ビザ申請者は日本への入国許可をもらうために厳しい条件を満たす必要があり，通常，雇用主や語学学校がなる渡航者の身元引受人には新しい負担が課せられる。例えば，身元引受人は渡航者が日本到着後2週間隔離されることを保証しなければならない。

《単語＆イディオム》

☐ condition　条件	☐ polymerase chain reaction test
☐ sponsor　身元引受人	PCR検査
☐ quarantine　隔離［検疫］，〜を隔離	☐ vaccine　ワクチン
［検疫］する	☐ contactless technology　非接触型の
☐ isolate　〜を隔離する	科学技術
☐ trace　〜を追跡する	☐ curtail　〜を抑制する

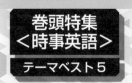

第2位
SDGs（持続可能な開発目標）とは何か

SDGs（エスディージーズ）とは，Sustainable Development Goals（持続可能な開発目標）の略で，国連加盟国が 2016 年から 2030 年の 15 年間で達成するために掲げた国際目標である。企業の社会的責任が求められるなか，日本の産業界でも SDGs の活用を打ち出す企業が増えてきている。

SDGs は，2015 年 9 月の国連サミットで採択された「**持続可能な開発のための 2030 アジェンダ（the 2030 Agenda for Sustainable Development）**」に記載された開発目標である。2000 年の国連サミットで合意された MDGs（Millennium Development Goals；ミレニアム開発目標）の後継となるもので，次の 15 年間に向けた具体的な行動指針となっている。

MDGs が途上国の開発問題に比重を置いていたのに対し，SDGs は先進国にも共通の課題として開発目標を設定していることが特徴で，「**地球上の誰一人として取り残さない（leave no one behind）**」ことを誓っている。SDGs で 17 の**目標（goal）**は以下の通り。

①**貧困をなくそう（No Poverty）**／②**飢餓をゼロに（Zero Hunger）**／③**すべての人に健康と福祉を（Good Health and Well-being）**／④**質の高い教育をみんなに（Quality Education）**／⑤**ジェンダー平等を実現しよう（Gender Equality）**／⑥**安全な水とトイレを世界中に（Clean Water and Sanitation）**／⑦**エネルギーをみんなにそしてクリーンに（Affordable and Clean Energy）**／⑧**働きがいも経済成長も（Decent Work and Economic Growth）**／⑨**産業と技術革新の基盤をつくろう（Industry, Innovation and Infrastructure）**／⑩**人や国の不平等をなくそう（Reduced Inequalities）**／⑪**住み続けられるまちづくりを（Sustainable Cities and Communities）**／⑫**つくる責任つかう責任（Responsible Consumption and Production）**／⑬**気候変動に具体的な対策を（Climate Action）**／⑭**海の豊かさを守ろう（Life Below Water）**／⑮**陸の豊かさも守ろう（Life On Land）**／⑯**平和と公正をすべての人に（Peace, Justice and Strong Institutions）**／⑰**パートナーシップで目標を達成しよう（Partnerships for the Goals）**

日本では，安倍首相を本部長とし，全国務大臣をメンバーとする「**持続可能な開発目標推進本部（SDGs Promotion Headquarters）**」の会合が，毎年 2 回開催されている。2018 年 12 月の会合では「SDGs アクションプラン 2019」を策定し，以下の目標を 3 本柱として掲げた。

① SDGs と連携する「Society 5.0」の推進／② SDGs を原動力とした**地方創生（regional revitalization）**，強靭かつ環境にやさしい魅力的なまちづくり／③ SDGs

の担い手として次世代・女性の**エンパワーメント**（empowerment；権限付与）

　特に①の Society 5.0（p.18 参照）は，産業界の技術革新に期待したもので，日本でも SDGs への取り組みを掲げる企業が増えている。企業の多くはこれまでも，**CSR**（corporate social responsibility；**企業の社会的責任**）の見地から社会貢献に取り組んできたが，従来のそれは本業と直接関係のない**慈善活動**（charity activity）が多かった。これに対して SDGs は，各企業がそれぞれの本業を通じて，社会に**貢献する**（contribute）ことの重要性を示唆している。MDGs が政府など**行政部門**（administrative department）の努力を念頭に置いていたのに対し，SDGs は，行政や NPO ／ NGO のほか，**投資**（investment）やイノベーション創出など企業の役割を重視している点が特徴だ。

《📖 読んでみよう》

The 17 SDGs were adopted at the United Nations in 2015 and aim to put the world on a more sustainable economic, social and environmental track through to the year 2030. They are collection of targets in areas such as health, economic growth and the environment which governments, businesses and communities will should achieve. Businesses are becoming more aware of the SDGs and of aligning their business plans with the goals. A recent survey indicated that 85% of Australian and New Zealand businesses were interested in the goals and many were eager to estimate their impact on the SDGs. This is a good sign because businesses have key roles in the SDG agenda.

《全　訳》

　17 からなる SDGs は 2015 年に国連で採択され，2030 年までの，経済・社会・環境面でより持続可能な軌道に世界を乗せることを目指している。SDGs は，各政府，企業，コミュニティーが達成すべき，健康，経済成長，環境といった領域での目標を集めたものだ。企業は SDGs や，SDGs に沿った事業計画の調整により意識的になってきている。最近の調査では，オーストラリアとニュージーランドの企業の 85％が SDGs に関心をもち，多くは SDGs への影響力を見積もることに積極的であることが示された。SDG の課題では企業が重要な役割を担うので，これは良い兆候だ。

《単語＆イディオム》

☐ implement　〜を実行する	☐ subsidy　補助金
☐ achieve　〜を達成する	☐ illiterate　読み書きができない
☐ objective　目標	☐ undernourished　栄養不良の

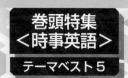
第3位
自然災害と国土強靭化計画

　5月1日を境に平成から令和へと年号が改まった2019年も，台風・豪雨を中心に，多くの災害が日本をおそった。日本には豊かな自然がある一方で，その豊かさは自然災害と隣り合わせになっている。災害を乗り越えるために，国や自治体の活躍が必要不可欠だ。「国土強靭化基本計画」は，そのための取り組みの一つである。

　日本は災害大国であるが，災害のたびに教訓を学び，その後の対策に活かしてきた。1961年に制定された**災害対策基本法（Basic Act on Disaster Management）**は，5,000人以上の死者を出した**伊勢湾台風（Typhoon Vera）**を契機としたものである。そして2011年の**東日本大震災（the Great East Japan Earthquake）**の3年後，2014年に策定されたのが「**国土強靭化基本計画（Fundamental Plan for National Resilience）**」である。

　国土強靭化（National Resilience）とは，災害発生時の被害を**最小限に抑え（mitigate）**，迅速に**復旧・復興（recovery and reconstruction）**できる，強さとしなやかさを備えた国土・地域・経済社会を構築することとされる。つまり，日本が災害などによって**致命的な損害（fatal damage）**を負わないようにすると同時に，仮に損害を負っても速やかに回復する社会を作ることである。

　この計画では，人命の保護が最大限図られること，国家・社会の重要な機能が致命的な障害を受けずに維持されること，**国民財産（property of the citizenry）**及び**公共施設（public facility）**の被害の最小化，迅速な復旧復興，の4つを目標に掲げている。

　これらの目標を達成するために，**防災設備（disaster prevention equipment）**の整備などハード面の対策だけでなく，**人材育成（foster human resources）**，**地域コミュニティの活性化（activate a community）**，防災情報の発信など，ソフト面の強化も重視されている。国の国土強靭化基本計画と調和する形で，各自治体は国土強靭化地域計画を策定し，**防災計画（disaster prevention plan）**の指針としている。

　2019年の**台風（typhoon）**・**豪雨（torrential rainfall）**による被害は，例年以上だった。8月下旬には九州北部で集中豪雨が発生し，河川の**氾濫（overflow）**のほか，**浸水（water immersion）**被害，交通機関の乱れなどがあった。

　9月には関東地方に**台風15号（Typhoon Faxai）**が上陸し，千葉県を中心に被害をもたらした。この台風では住宅等の損壊のほか，93万戸におよぶ大規模**停電（《米》power outage，《英》power cut）**が起きた。停電は異例の長期におよび，高齢者を中心に，停電が原因とみられる熱中症による死亡者も出た。国土強靭化計画が掲げる「迅速な復旧復興」に関して，課題を残した災害だったと言える。

10 月に上陸した**台風 19 号（Typhoon Hagibis）**では，東北・関東・甲信を中心に各地で 24 時間降水量の観測史上 1 位を更新し，広い範囲で記録的な大雨になった。**洪水（flood）**や**土砂崩れ（landslide, mudslide）**により，死者約 100 人の人的被害があった。多くの河川で氾濫危険水位に達し，千曲川，多摩川，阿武隈川などで氾濫が発生した。その一方で，首都圏の各所で**調節池（retention basin）**，**遊水地（retarding basin）**，**放水路（drainage canal）**がフル稼働し，強化された**堤防（dike, levee, embankment）**が河川の決壊防止に貢献したことも事実である。それゆえ，100 年に一度の大雨を想定した**治水（water control）**工事が，一定の効果を挙げたという肯定的な評価もある。

　とは言え，国土強靭化への取り組みは，まだ道半ばである。

《📖読んでみよう》

Rescue crews are still combing through flooded and damaged areas after Typhoon Hagibis lay waste to central and eastern areas of the Japanese archipelago. Hagibis unleashed high winds and torrential rainfall, which damaged structures, collapsed dikes, flooded rivers and lowland areas, and caused more than 100 landslides. Experts said it would take time to precisely assess the extent of the damage, and the death toll has been growing daily. Survivors will also be forced to endure colder weather, with northern Japan turning chilly this week.

《全 訳》

　台風 19 号が日本列島の中部・東部地域に大規模な被害を与えてから，救助隊は浸水や損壊のあった地域を今もくまなく捜索している。19 号は暴風と豪雨をもたらし，建物の損壊，堤防の決壊，河川の氾濫や低地への浸水，100 件あまりの土砂崩れを引き起こした。専門家によると，被害の規模の正確な把握にはしばらくかかる見込みで，死者の数も日を追うごとに増加している。北日本は今週肌寒くなるため，生存者もまた寒い気象に耐え忍ぶことを余儀なくされるだろう。

《単語＆イディオム》

☐ municipality　地方自治体	☐ shelter　避難する，避難所
☐ severe disaster　激甚災害	☐ evacuation order　避難勧告
☐ extraordinary disaster　非常災害	☐ evacuation instruction　避難指示
☐ casualty　（事故・災害などの）死傷者	☐ inundation　氾濫，浸水
☐ missing　行方不明の	☐ downpour　土砂降り
☐ evacuation center　避難所	☐ resilient　回復力のある，弾力性のある

第4位
ムーンショット目標と未来社会

日本政府は，2020年1月に開催された「第48回総合科学技術・イノベーション会議」において，従来技術の延長にはない大胆な発想で未来社会を展望し，社会課題を解決することを目指す「ムーンショット目標」を設定した。このとき定めた6項目に加え，同年7月開催の「第30回健康・医療戦略推進本部」では，7つ目の目標を決定。政府はこれらの目標に沿って，研究支援などを行っていく。

　2019年，日本政府は，**ムーンショット型研究開発制度**（Moonshot Research and Development Program）を立ち上げ，「Human Well-being（人々の幸福）」の基盤となる社会・環境・経済の**諸課題**（societal challenge）を解決するために，リスクの高い**破壊的技術革新**（disruptive innovation）を支援する方針を打ち出した。この制度のもとに設定されたのが，**ムーンショット目標**（moonshot goal）である。

　「ムーンショット」とは，月面探査のように，実現が難しいものの，成功すれば社会に**多大な影響**（profound impact）を及ぼすような壮大な目標を指す。日本政府は，2020年11月現在，以下の7つの目標を設定している。

(1)　2050年までに，人が**身体**（body），**脳**（brain），**空間**（space），**時間**（time）の制約から解放された社会を実現

(2)　2050年までに，超早期に疾患の**予測**（prediction）・**予防**（intervention）をすることができる社会を実現

(3)　2050年までに，AIとロボットの共進化により，**自ら**（autonomously）学習・行動し人と共生するロボットを実現

(4)　2050年までに，地球環境再生に向けた**持続可能な資源循環**（sustainable resource circulation）を実現

(5)　2050年までに，未利用の**生物機能**（biological resources）等のフル活用により，地球規模でムリ・ムダのない**持続的な食料供給産業**（sustainable food supply industry）を創出

(6)　2050年までに，経済・産業・安全保障を飛躍的に発展させる**誤り耐性型汎用量子コンピュータ**（fault-tolerant universal quantum computer）を実現

(7)　2040年までに，主要な疾患を予防・克服し100歳まで健康不安なく人生を楽しむためのサステイナブルな**医療・介護システム**（care systems）を実現

　例えば目標(1)においては，人間の身体的能力，時間や距離といった制約を，「**サイバネティック・アバター基盤**（cybernetic avatar infrastructure）」の整備によって乗り越えることを目指す。サイバネティック・アバターとは，身代わりとしてのロ

ボットや3D映像などのことで，このアバターにより，さまざまな年齢や**背景（background）**，**価値観（values）**を持つ人々が，多様なライフスタイルを追求できる社会を見据える。具体的には，少子高齢化で生産年齢人口が減るなか，**遠隔操作（remote）**できる分身をもつことで**労働力不足（workforce shortage）**を補い，新たな産業を創出することも含まれる。**テレワーク（telecommuting, teleworking）**の拡大など，コロナ禍による社会変容を先取りする内容にもなっている。

　また目標⑵は，高齢化に起因する**慢性疾患（chronic disease）**等の予防を目指す。例えば，脳と腸のような**臓器間のネットワーク（comprehensive network between organs）**を総合的に分析することで，発症する前の「**未病の状態（pre-symptomatic state）**」から健康な状態に引き戻すための方法を確立することなどが含まれている。

（📖 読んでみよう）

The Japanese Government has recently launched the "Moonshot Research and Development Program." This program aims to solve various difficult issues in today's society, such as the declining birthrate, aging population, large-scale natural disasters, and global warming. The government announced that it would facilitate disruptive innovation through enhancing researchers' trial and error, by aggressively promoting challenging and ambitious research and development rather than trying to improve conventional technology.

（全　訳）

　日本政府は先頃「ムーンショット型研究開発制度」を立ち上げた。この制度は，出生率の低下，人口の高齢化，大規模自然災害，地球温暖化といった，今日の社会におけるさまざまな難題を解決することを目指している。政府は，従来型の科学技術の改良をはかるのではなく，挑戦的・野心的な研究開発を積極的に促進することで，研究者の試行錯誤を支援し，破壊的技術革新を促すと発表した。

（単語＆イディオム）

☐ facilitate　〜を促進する	☐ decomposition　分解
☐ ambitious　野心的な	☐ microbe　微生物
☐ pilot scale　パイロット規模，試験規模	☐ immune system　免疫システム
☐ direct air capture of CO_2　（大気中からの）二酸化炭素の直接回収	☐ self-reliant　自立的な
	☐ biocontrol system　生体制御システム

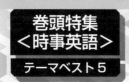
第４次産業革命とソサエティー5.0

現在起こりつつある技術革新は，私達をどのような未来へと導くのか。近年，「第４次産業革命」や「インダストリー 4.0」など，未来社会を言い表すキーワードがいくつも登場している。この２つが製造業の革新や生産性の向上に焦点を当てているのに対して，日本が提唱する「ソサエティー 5.0」は，社会が抱える様々な課題を解決する包括的なコンセプトとなっている。

第４次産業革命（the fourth industrial revolution）とは，18世紀末に始まった蒸気機関（steam engine）による第１次産業革命から数えて，４度目の**技術革新**（technical innovation）として位置づけられている。第４次産業革命のコアとなる技術革新は，IoT，ビッグデータ，AI（artificial intelligence），ロボットである。IoTとは，Internet of Things（**モノのインターネット**）の略であり，あらゆる「モノ」がインターネットにつながることを意味する。IoTによって，工場の機械の稼働状況から，交通，気象，個人の健康状態まで，様々な情報がデータ化され，そのビッグデータをネットワークでつなげてまとめ，解析・利用することで新たな**付加価値**（added value）が生まれる。

第４次産業革命の波を受け，ドイツでは「インダストリー 4.0」と題した産官学協同の国家プロジェクトが推進されている。インダストリー 4.0において，鍵となるコンセプトが「**スマートファクトリー（Smart Factory）**」である。スマートファクトリーにおいては，工場内のあらゆる機器がインターネットに接続され，**設備同士（M2M; Machine to Machine）**，あるいは設備と人が協調して動作する（Cyber-Physical System）。ビッグデータを活用した情報管理，消費者一人ひとりのニーズに応えるマス・カスタマイゼーションを目指している。

日本でも，第４次産業革命に乗り遅れまいとして，「**コネクテッド・インダストリーズ（Connected Industries）**」と題する支援戦略を打ち出した。これは，データを介して人，技術，機械などが企業，産業を超えてつながり，新たな付加価値の創出と社会課題の解決を目指すというコンセプトである。日本でも，2020年に始まる次世**代移動通信システム**（mobile communications system）の「5G」は，このつながりをさらに促進するだろう。

ソサエティー 5.0（Society 5.0）とは，日本が提唱する未来社会のコンセプトであり，狩猟，農耕，工業，情報に続く５番目の社会である「**超スマート社会（super smart society）**」のことである。内閣府によると「超スマート社会」とは，「必要なもの・サービスを，必要な人，必要な時に，必要なだけ提供し，様々なニーズにき

め細かに対応でき，あらゆる人が質の高いサービスを受けられ，活き活きと快適に暮らすことのできる社会」と定義している。コネクテッド・インダストリーズは，その実現方法の一つと言えるだろう。ソサエティー 5.0 は，**仮想空間**（cyberspace）と**現実空間**（physical space）を高度に**融合させ**（integrate）たシステムにより，**経済発展**（economic development）と社会的課題の解決を両立する，新たな未来社会として提唱されている。また世界の課題解決という観点から，国連が提唱する「持続可能な開発目標（SDGs）」（p.12 参照）とも関連づけられる。

📖 読んでみよう

Recently another initiative was added to the policy portfolio in Japan: "Society 5.0.", which is the concept proposed as a future society that this country should aspire to. Through high-level integration of cyberspace and physical space, in Society 5.0, technological developments can be utilized to overcome chronic social challenges that Japan has been facing, such as an aging and shrinking population. In the agricultural sector, for instance, the internet of things and deep learning could allow for a better understanding of weather conditions and seasonal changes, resulting in making this laborious industry more effective.

全 訳

　近頃，日本の政策計画の中に新しい構想が加えられた。日本が希求すべき未来社会として提唱されたコンセプトである「ソサエティー 5.0」がそれだ。サイバー空間とフィジカル空間の高度な融合を通して，ソサエティー 5.0 においては，高齢化，人口減少といった日本が長年直面している社会問題を克服するために，進歩した科学技術が利用される。例えば，農業の面では，モノのインターネットやディープラーニングによって，天気の状況や季節の変化をより的確に把握することが可能になり，その結果，労働力を要するこの産業をより効果的にすることにつながるのだ。

単語 & イディオム

□ transform　〜を一変させる	□ quantum computing　量子コンピューター
□ collaboration　協同，提携	□ FinTech　フィンテック（情報通信技術と結びついた革新的な金融サービス）
□ algorithm　演算の手順，アルゴリズム	
□ shrink　減少する	
□ depopulated　過疎の	□ autonomous vehicle　自律走行車
□ integration　統合，融合	□ drone　無人飛行機，ドローン
□ remotely　遠隔で	□ telemedicine　遠隔治療

次点

#MeToo 運動と日本のパワハラ

「パワーハラスメント（パワハラ）」は，「権力や立場を利用した嫌がらせ」を意味する和製英語である。アメリカで造られた「セクシャルハラスメント」という語を元に，性的でないハラスメントをも指す言葉として造語された。かつては見過ごされがちだった様々なハラスメントに，昨今，厳しい目が向けられている。

　2017年10月5日，ニューヨーク・タイムズが映画プロデューサーのハーヴェイ・ワインスタインによる数十年におよぶ**セクハラ（sexual harassment）を告発する**（accuse）と，10日には，過去にワインスタインの名を出さずに問題のセクハラを告発していた女優のアシュレイ・ジャッドら数十名が**実名で（under one's own[real] name）**セクハラを告発した。15日には，アリッサ・ミラノが同様の被害を受けたことのある女性たちに向けて「#MeToo」と声を上げるようツイッターで呼びかけた。多くの**著名人（celebrity）**や一般利用者がこれに呼応し，世界的なセクハラ告発運動が展開され，日本のインターネットでも翌年にかけて，これに応じたムーブメントが起きた。

　日本のマスメディアでは2018年4月，福田淳一財務事務次官のセクハラ疑惑が大きく報じられた。取材を受けていたテレビ朝日の女性**記者（reporter）**に対してセクハラ行為を行っていたとされ，**辞任（resignation）**に追い込まれた。

　さらに2018年の日本で，セクハラ問題以上に大きく報じられたのは，アマチュアスポーツ界を中心とする，いくつものパワハラ問題である。レスリングの五輪金メダリスト伊調馨選手が，**以前の指導者（former coach）**から練習妨害などの圧力を受けたとされる問題。日大アメフト部の選手が試合中に行った相手選手への危険なラフプレイが，指導者の命令によるものとされた問題。その他，アマチュアボクシング界，体操界でもパワハラ問題が報じられた。

《 単語＆イディオム 》

☐ allegation　主張，申し立て	☐ corporal[physical] punishment　体罰
☐ complaint　告訴	☐ harasser　ハラスメントの加害者
☐ enlightenment　啓発	☐ superior　上司
☐ victim assistance　被害者支援	☐ subordinate　部下
☐ bullying　いじめ	☐ influential　影響力のある
☐ coerce　〜を強要する	☐ expel　〜を除名する，追放する
☐ abuse　乱用，虐待	☐ third-party panel　第三者委員会

PART 1

重要英単語&イディオム

PART 1 重要英単語＆イディオム

テーマ 1

政　治

行政，立法，司法に関連する用語は必ず押さえたい。時事的な用語にも注意。

●最頻出キーワード

□ **election**	名 選挙
	関連 general election 総選挙
	suffrage 選挙権
	eligibility 被選挙権
□ **cabinet**	名 内閣
	関連 cabinet minister 閣僚
	government 政府
	administration 行政
□ **bureaucrat**	名 官僚
	関連 bureaucracy 官僚制
□ **bill**	名 法案
	関連 draft 草案
□ **constitution**	名 憲法
	関連 revision[amendment] of the Constitution 憲法改正

●頻出キーワード

□ **armed forces**	名 軍隊
	関連 military 軍の，軍用の
	the army 陸軍，軍隊
	the navy 海軍
	air force 空軍
	the Self-Defense Forces 自衛隊
□ **judiciary**	名 司法
	関連 court of justice 裁判所
	judge 裁判官，判事
	judicature 司法［裁判］権
	judgment 審判，判決
	trial 裁判，公判

sanction	名 制裁措置
	関連 embargo 出入港禁止，禁輸措置
adopt	動 採択する
	adopt a resolution 決議を採択する
	関連 reject 否決する
	reject a bill 法案を否決する
appoint	動 任命する
	appoint 〜 ambassador 〜を大使に任命する
	関連 remove 解任する
	remove a minister for taking bribes
	収賄のかどで大臣を解任する
run for 〜	動 〜に出馬する，立候補する
	run for President 大統領選に出馬する
	関連 candidate 候補者
parliamentary	形 国会の
	関連 Parliament（英国，カナダの）国会
	Congress（米国，中南米諸国の）国会
	the Diet（日本の）国会
poll	名 世論調査（opinion poll），選挙，投票
	have the lead in the poll 世論調査でリードしている
	関連 a national[nation-wide] poll 全国世論調査
	opinion research[survey] 世論調査

✿その他の重要語句✿

- [ ] Amendment（米国憲法の）修正事項
- [ ] autonomy 自治，自治権
- [ ] citizen-participation system 参審制
- [ ] coalition government 連立政権
- [ ] diplomacy 外交
- [ ] exclusive economic zone
   排他的経済水域

- [ ] faction 派閥，党派
- [ ] jury system 陪審制
- [ ] juror 陪審員
- [ ] opposition party 野党
- [ ] ruling party 与党
- [ ] rebel 敵対勢力
- [ ] referendum 住民投票

テーマ 2
国際政治

地域紛争やテロが最頻出。そのほかに国際組織，外交の基礎的な用語を押さえたい。

● 最頻出キーワード

□ **international affairs**	名 国際情勢
	関連 internal affairs 国内事情
□ **globalization**	名 グローバル化
	関連 globalize グローバル化する，世界的に拡大する
	globalize one's production base
	生産拠点を世界に拡げる
	internationalization 国際化
□ **partnership**	名 協力，共同
	関連 cooperation 協力
□ **disarmament**	名 武装解除，軍縮
	関連 nuclear disarmament 核軍縮
	disarm 武装解除する，軍備を縮小する
	The terrorist group disarmed completely.
	そのテロリスト集団は武装を完全に解除した。
□ **permanent members**	名 常任理事国
	関連 the United Nations 国際連合
	the U.N. Security Council 国連安全保障理事会

● 頻出キーワード

□ **agreement**	名 協定（書）
	agreement with ～ on ... ～との…に関する協定
□ **confrontation**	名 対立
	関連 discord 不和
	conflict 紛争
□ **diversification**	名 多様化
	関連 diversity 多様性
	diversify 多様化する
	diversify sources of energy

エネルギー源を多様化させる

□ **human rights abuse** ⓝ **人権侵害**
　　[関連] civil rights violations 人権侵害

□ **refugee** ⓝ **難民**
　　[関連] displaced person[people] 難民
　　　　　refuge 避難(所)

□ **territory** ⓝ **領土**
　　[関連] territorial 領土の
　　　　　territorial dispute[issue] 領土問題

□ **turmoil** ⓝ **騒動, 混乱**
　　[関連] tumult 騒動, 動乱
　　　　　uproar 大騒ぎ, 騒動

□ **weapons inspection** ⓝ **武器査察**
　　[関連] nuclear inspection 核査察

□ **conquer** ⓥ **征服する**
　　conquer other nations 他国を征服する
　　[関連] conquest 征服

□ **integrate** ⓥ **統合する**
　　integrate this country into the European Union
　　この国を EU に統合する
　　[関連] integration 統合

□ **reconcile** ⓥ **調停する, 和解させる**
　　reconcile an international conflict 国際紛争を調停する
　　[関連] reconciliation 調停, 和解
　　　　　mediation 仲裁, 調停

□ **revolt** ⓥ **反乱を起こす** ⓝ **反乱, 暴動**
　　revolt against the government 政府に反乱を起こす
　　[関連] suppression 鎮圧, 抑圧

☆ その他の重要語句 ☆

□ assassination 暗殺　　　　　□ invasion 侵略
□ delegate 代表, 使節　　　　　□ regime 政治体制
□ émigré 移住者, 亡命者　　　　□ summit conference 首脳会議
□ famine 飢餓　　　　　　　　□ tenet 主義, 教義
□ foreign aid 対外援助　　　　 □ treaty 条約

景気の動向や経済構造改革といった国内経済に関する用語のほか，為替や貿易なども押さえよう。

●最頻出キーワード

☐ **gross**	形 全体の，総計の
	関連 gross domestic product 国内総生産（GDP） gross national product 国民総生産（GNP） net 正味の，掛け値なしの
☐ **recession**	名 景気減退，（一時的な）**不景気**
	関連 depression 不況，（長期に及ぶ）不景気 downturn （景気・物価などの）下落，沈滞 slump（物価の）暴落，不況
☐ **deficit**	名 赤字
	関連 surplus 黒字
☐ **privatization**	名 民営化
	関連 privatize 民営化する privatize postal services 郵政事業を民営化する nationalization 国有［国営］化
☐ **ban**	名 禁止　動 禁止する
	ban all imports of ～ from ... …からの～の輸入をすべて禁止する
	関連 prohibition 禁止

●頻出キーワード

☐ **appreciation**	名 値上がり
	関連 depreciation 価格の下落
☐ **currency**	名 貨幣，通貨
	関連 monetary 貨幣・通貨の，金融・財政の monetary policy 金融政策
☐ **estimate**	名 概算（額）　動 概算する，見積もる
	The government has estimated the total cost of the plan. 政府はその計画の総費用を概算した。

☐ **nominal**	形 名目上の
	関連 nominal growth rate 名目成長率
	real 実質の
☐ **restriction**	名 制限
	関連 restrict 制限する
	<u>restrict</u> low-price imports
	低価格の輸入品を制限する
☐ **subsidy**	名 助成金，補助金
	関連 subsidize 〜に助成金を支給する
	<u>subsidize</u> companies hiring workers over the age
	of 〜
	〜歳以上の労働者を雇用する企業に助成金を
	支給する
☐ **surge**	名 急騰　動 急騰する
	<u>surging</u> oil prices 急騰する石油価格
	関連 soar 急上昇する，暴騰する
	Stock prices <u>soar</u>. 株価が暴騰する。
☐ **eliminate**	動 排除する，除去する
	<u>eliminate</u> a trade barrier 貿易障壁を取り除く
	関連 lift 解除する，撤廃する
	<u>lift</u> economic sanctions 経済制裁を解除する
☐ **fluctuate**	動 変動する
	market that <u>fluctuates</u> wildly 激しく変動する市場
	関連 float 変動相場
☐ **bilateral**	形 二国間の
	関連 multilateral 多国間の

✴その他の重要語句 ✴

☐ budget 予算
☐ consumption 消費
☐ corporate goods price index
　　企業物価指数
☐ deregulation 規制緩和

☐ effective demand 有効需要
☐ financial crisis 金融危機
☐ fiscal discipline 財政規律
☐ national debt 国債
☐ wholesale price 卸売物価

PART 1
重要英単語＆イディオム

テーマ 4

経 営

企業経営の専門用語や労働市場・労使関係にかかわる用語にもなじんでおこう。

● 最頻出キーワード

☐ capital	名 資本
	関連 capital alliance[affiliation / tie-up] 資本提携
	capital assets 固定資産
	capital gains キャピタルゲイン，資本利得（有価証券や不動産などの売却による利益）
☐ competition	名 競争
	関連 competitive 競争の，競争力のある
	competitive society 競争社会
	competitor 競争相手
☐ conglomerate	名 複合企業，コングロマリット
	関連 multinational (company) 多国籍企業
	venture business ベンチャービジネス
☐ credit	名 信用，（銀行の）預金，貸付限度額
	関連 credit crunch[squeeze] 貸し渋り
	on credit クレジットで，信用貸しで
☐ employ	動 雇用する
	関連 employee 従業員，被雇用者
	employer 雇い主，雇用者
	unemployment rate 失業率
☐ union	名 組合
	関連 labor[trade] union 労働組合
	unionist 労働組合員，労働組合主義者

● 頻出キーワード

☐ annual	形 年一回の，毎年の
	関連 annual report 年次報告書
☐ bankruptcy	名 倒産，破産
	関連 bankrupt 破産した（者）

□ **director**	名 (会社の) 重役，取締役
	関連 board of directors 取締役会
	executive 経営者，重役
□ **factory**	名 工場
	関連 plant（近代設備の整った大規模な）工場
	mill（紡績・製粉・製鉄などの）製造所
□ **investment**	名 投資，出資 (金)，投下資本
	関連 overseas investment 海外投資
	return on investment（ROI）投資収益率
	institutional investor 機関投資家
□ **payroll**	名 給与支払簿，従業員名簿
	on [off] the payroll 雇われて [解雇されて]
□ **productivity**	名 生産性
	関連 productive 生産的な
□ **raise**	動（資金などを）集める，調達する
	The company raised money from the financial market.
	その会社は金融市場から資金を調達した。
□ **labor**	名 労働
	関連 labor liquidity 労働流動性
	labor negotiations 労使交渉
□ **salary**	名 給料，俸給
	関連 monthly [annual] salary 月給 [年俸]
	wage 賃金
	earnings 所得，（企業などの）収益
□ **value**	名 価値，価格
	関連 added value 付加価値
	value added tax（VAT）付加価値税
	net present value（NPV）正味現在価値

✨その他の重要語句✨

- □ bad loans 不良債権
- □ collective bargaining 団体交渉
- □ compliance 法令遵守
- □ customer satisfaction 顧客満足
- □ human resource 人的資源，人材
- □ interest 利子，利息
- □ outsourcing 外注，外部委託
- □ takeover 買収，乗っ取り

PART 1
重要英単語＆イディオム

テーマ5
ICT

以前は「IT」という用語が一般的だったが，近年は日本政府も「ICT」を用いている。

●最頻出キーワード

☐ website	图 ウェブサイト，ホームページ
	関連 distribution 配信
☐ e-mail address	图 メールアドレス
	関連 e-mail newsletter メールマガジン
	attachment 添付（ファイル）
	subject タイトル，件名
☐ access	图 アクセス，接近 動 接続する，アクセスする
	This page is <u>accessed</u> 100 times a day.
	このページには1日100件のアクセスがある。
	関連 accessible アクセスできる，接近しやすい，
	入手可能な
☐ software	图 ソフトウェア
	関連 application アプリケーション
	hardware ハードウェア

●頻出キーワード

☐ ICT	图 情報通信技術
	Information and Communication Technology の略語
☐ display	图 表示装置，ディスプレイ
	関連 screen 画面，スクリーン
☐ e-business	图 電子ビジネス
	関連 e-commerce 電子商取引
	e-document 電子文書
	e-messaging 電子通信
☐ telecom	图 遠距離通信
	関連 constant connection 常時接続
	fiber optics 光ファイバー
	provider プロバイダー，インターネット接続業者

encrypt 　　㊌ 暗号化する

The data is <u>encrypt</u>ed for safety.
そのデータは安全のため暗号化されている。
関連　encryption 暗号化
(secret) code 暗号

navigate ㊌ 操縦する，ナビゲートする

<u>navigate</u> back and forth through the web pages
ウェブページを行き来する
関連　surf（ウェブページを）見てまわる，
ネットサーフィンする

<u>surf</u> the Internet for pertinent information
関連情報をインターネットで検索する

transmit ㊌ 送信する，伝達する

<u>transmit</u> information across the Internet
インターネット上で情報を発信する
関連　transmission 送信，伝達
reception 受信

digital ㊏ デジタル（式）の

関連　analogue アナログ（式）の

mobile ㊏ 可動性の，携帯できる

関連　mobile communication 移動体通信，モバイル通信

virtual ㊏ 仮想の

関連　virtual reality 仮想現実（感）
virtualization 仮想化

IoT ㊌ モノのインターネット

Internet of Things の略語

✨その他の重要語句✨

☐ authentication 認証
☐ cloud computing
　　　　　クラウドコンピューティング
☐ de facto standard 事実上の標準，
　　　　　デファクトスタンダード

☐ interactive 双方向の，相互作用の
☐ pirate(d) copy 海賊版
☐ synchronization 同調，同期
☐ ubiquitous ユビキタス，至る所にある
☐ vulnerability 脆弱性

PART 1
重要英単語＆イディオム

テーマ6
環境問題

地球規模の環境問題から身近なごみ問題まで広範囲から出題される重要テーマ。

●最頻出キーワード

□ carbon dioxide	名 二酸化炭素，炭酸ガス
	関連 sulfur dioxide 二酸化硫黄，亜硫酸ガス
□ environment	名 環境
	関連 environmental policy 環境政策
	environmental taxes[eco-taxes] 環境税
□ global warming	名 地球温暖化
	関連 climate change 気候変動
□ greenhouse gases	名 温室効果ガス
	関連 greenhouse effect 温室効果
□ waste	名 廃棄物
	関連 industrial waste 産業廃棄物
	chemical waste 化学廃棄物

●頻出キーワード

□ acid rain	名 酸性雨
	関連 acid deposition 酸性堆積物
□ conservation	名 保護，保存
	関連 conserve 保護する，保存する
□ sustainable	形 持続可能な
	関連 sustainability 持続可能性
	renewable 再生可能な
	biodegradable 生(物)分解性の
□ emission	名 放出，排出
	関連 emit 出す，放つ
	<u>emit</u> clouds of smoke もうもうと煙を出す
	release 放出する
	<u>release</u> carbon dioxide into the air
	大気中に二酸化炭素を放出する

☐ **extinction** | 名 絶滅，死滅
関連 extinguish 絶滅させる
extinguish the human race 人類を絶滅させる
endangered species 絶滅危惧種

☐ **fossil fuel** | 名 化石燃料
関連 fuel cell 燃料電池

☐ **landfill** | 名 埋立て (地)，ごみ処理 (場)
関連 dump ごみ捨て場

☐ **prevention** | 名 防止
関連 prevent 防ぐ
prevent global warming 地球温暖化を防ぐ

☐ **reserve** | 名 (動物などの) 保護区，保留地
関連 preserve 名 野生動物保護区，禁猟区 動 保存する
preserve the forest 森林を保存する
habitat 生息地，自生地

☐ **destroy** | 動 破壊する
destroy a great deal of nature 多くの自然を破壊する
関連 destruction 破壊
deforestation 森林破壊
environmental disruption 環境破壊

☐ **reduce** | 動 減少させる
reduce air emissions from vehicles 車の排ガスを減らす
関連 reduction 減少，削減

☐ **dispose of ～** | 動 ～を処理する
This machine can dispose of any garbage.
この機械はどんな生ごみでも処理できる。
関連 disposition 処理

✶ その他の重要語句 ✶

☐ biodiversity 生物多様性
☐ desertification 砂漠化
☐ drought 干ばつ，水不足
☐ eco-friendly 環境に優しい
☐ effluent 廃水，廃液

☐ illegal dumping 不法投棄
☐ ecosystem 生態系
☐ ozone layer オゾン層
☐ population growth 人口増加
☐ ultraviolet rays 紫外線

PART 1
重要英単語＆イディオム

テーマ7
科 学

バイオテクノロジー，宇宙開発などの分野に注意しておこう。

●最頻出キーワード

☐ **biology**	名 生物学
	関連 bionics 生体工学，バイオニクス
	biotechnology 生命工学，バイオテクノロジー
	ethology 動物行動学
☐ **characteristics**	名 特性，特徴
	関連 attribute 特質，属性
☐ **experiment**	名 実験
	関連 laboratory 実験室，研究室
	investigation 研究，調査
	empirical 実験による
☐ **mammal**	名 ほ乳類，ほ乳動物
	関連 reptile は虫類
	amphibian 両生類
	insect 昆虫
☐ **planet**	名 惑星
	関連 the[our / this] planet 地球
	(fixed) star 恒星
	satellite 衛星
	artificial satellite 人工衛星

●頻出キーワード

☐ **evolution**	名 進化，発展
	関連 the theory of evolution 進化論
	progress 進歩，発展
	development 発展，開発
☐ **observation**	名 観察，観測
	関連 observe 観察する
	observatory 観測所

☐ **theory of relativity**	图 **相対性理論**
	関連 theoretical physics 理論物理学
☐ **vestige**	图 **痕跡，名残**
	関連 trace 痕跡，手掛かり
	evidence 形跡，証拠
☐ **atomic**	形 **原子の**
	関連 atomic[nuclear] energy 原子力
☐ **molecule**	图 **分子**
	関連 molecular 分子の
☐ **dimensional**	形 **次元の**
	関連 three-dimensional（3D）三次元の，立体映像の
☐ **genetic**	形 **遺伝子の**
	関連 gene 遺伝子
	genetic engineering 遺伝子工学
	heredity 遺伝
☐ **organic**	形 **有機の，生物の**
	関連 organism 有機体，生物
	inorganic 無機の
☐ **space**	图 **宇宙，宇宙空間**
	関連 universe / cosmos 宇宙
☐ **gravitation**	图 **重力，引力**
	関連 gravitational wave 重力波
☐ **orbit**	图 **軌道** 動 **軌道を回る，軌道に乗せる**
	artificial satellites orbiting Mars
	火星の軌道を周回する人工衛星
☐ **ISS**	图 **国際宇宙ステーション**
	International Space Station の略語

✦その他の重要語句 ✦

☐ accumulation 堆積物

☐ ape 類人猿

☐ astronomy 天文学

☐ combustion 燃焼，酸化

☐ enzyme 酵素

☐ natural selection 自然淘汰

☐ phenomenon 現象

☐ velocity 速度

医療・衛生

医療・衛生における課題や医療技術の進歩などについてキーワードを覚えてしまおう。

● 最頻出キーワード

☐ disease	名 病気，疾病
	関連 illness 病気（の状態）/ sickness 病気（であること）
	lifestyle-related diseases 生活習慣病
☐ epidemic	名 伝染病
	関連 plague 疫病，伝染病
	infection 感染，伝染病
☐ surgery	名 外科，外科手術
	関連 surgeon 外科医
	physician 内科医，医師
	operation 手術
	operate 手術する
	operate on him for stomach cancer
	彼に胃がんの手術をする
☐ injection	名 注射
	関連 vaccination 予防接種
☐ diagnosis	名 診断，診察
	関連 medical examination 健康診断，診察

● 頻出キーワード

☐ ambulance	名 救急車
	関連 emergency services 救急隊
☐ clinic	名 診療所，医院
	関連 dispensary 調剤室，（学校などの）医務室
☐ flu	名 流感，インフルエンザ（influenza の短縮形）
	関連 influenza インフルエンザ
	common cold （普通の）風邪，感冒
	new strain of flu 新型インフルエンザ
	avian flu 鳥インフルエンザ

□ **hypertension** 　名 高血圧
　　　　　　　　　　関連　blood pressure 血圧
　　　　　　　　　　　　　blood vessel 血管

□ **liver** 　名 肝臓
　　　　　　　　　　関連　hepatic 肝臓の
　　　　　　　　　　　　　hepatitis 肝炎

□ **metabolism** 　名 新陳代謝
　　　　　　　　　　関連　elimination 排せつ
　　　　　　　　　　　　　perspiration 発汗(作用)

□ **organ** 　名 臓器, (生物の)器官
　　　　　commercial trade in human <u>organs</u> 臓器の商業的売買
　　　　　　　　　　関連　organ transplant[implant] 臓器移植

□ **prescription** 　名 処方せん, 処方薬
　　　　　　　　　　関連　medicine(内服)薬, 医薬
　　　　　　　　　　　　　pill 錠剤
　　　　　　　　　　　　　prescribe 処方する
　　　　　　　　　　　　　　<u>prescribe</u> a new medicine 新しい薬を処方する

□ **therapy** 　名 (薬や手術を用いない)治療(法)
　　　　　　　　　　関連　cure / remedy / treatment 治療(法)
　　　　　　　　　　　　　treatable 治療可能な

□ **impair** 　動 弱める, 悪くする
　　　　　<u>impair</u> hepatic function 肝機能を低下させる
　　　　　　　　　　関連　impairment 機能障害, 減少

□ **physiological** 　形 生理的な
　　　　　　　　　　関連　physiology 生理学

✦その他の重要語句 ✦✦

□ anatomy 解剖 (学)　　　　　　　□ nerve 神経
□ appetite 食欲　　　　　　　　　□ obesity 肥満
□ depression うつ病　　　　　　　□ PTSD (post-traumatic stress disorder)
□ diabetes 糖尿病　　　　　　　　　　心的外傷後ストレス障害
□ fatigue 疲労　　　　　　　　　　□ symptom 症状, 兆候
□ hormone ホルモン　　　　　　　□ urine 尿

PART 1
重要英単語＆イディオム

テーマ9

教 育

教育現場における問題，文教政策，教育思想など，さまざまな文章が出題されている。

●最頻出キーワード

□ discipline	名 しつけ，規律
	関連 breeding しつけ
	parenting 子育て，育児法
□ examination	名 試験，考査
	関連 entrance examination 入学試験
	test 試験，小テスト
□ headmaster	名 校長
	関連 principal 校長
	president （大学の）学長
□ conformity	名 従順，服従
	関連 conform 従う，順応する
	You must <u>conform</u> yourself to the rules.
	あなたは規則に従わなければならない。
□ punishment	名 罰
	関連 chastisement 体罰

●頻出キーワード

□ adult	名 大人
	関連 grown-up 大人
	adolescence 青年期，青春期
	puberty 思春期
□ commission	名 委員会
	関連 school board 教育委員会
	executive committee 実行委員会
	student council 生徒会
□ foundation	名 建設，創立
	関連 found 設立する，創立する
	foundation course（大学の）教養課程

☐ **fraction**	名 分数
	関連 calculation 計算
	arithmetic 算数，算術
☐ **equip**	動 身につけさせる，素養を与える
	equip students with technical knowledge of ～
	学生に～に関する専門技術の知識を授ける
	関連 educate 教育する，学校教育を受けさせる
	She was educated at a private school.
	彼女は私立学校で教育を受けた。
	instruct 教える，指導する，指示する
	instruct the boys in swimming
	少年たちに水泳を教える
☐ **master**	動 熟達する，習得する
	master Spanish in a few years 数年でスペイン語に熟達する
	関連 mastery 熟達，精通
	acquisition 習得，獲得
☐ **back-to-school**	形 新学期の
	関連 term 学期
	semester（前期・後期制の）学期
☐ **compulsory**	形 義務的な，必修の
	関連 compulsory education 義務教育
	compulsory[required] subject 必修科目
	elective[optional] subject 選択科目
☐ **mature**	形 成熟した
	関連 maturity 成熟，円熟
	immature 未成熟の，未完成の

✨その他の重要語句 ✨

☐ certificate 免許状，証明書
☐ coeducation 男女共学
☐ course of study 学習指導要領
☐ credit 単位
☐ enrollment 入学，入学者数

☐ graduate school 大学院
☐ liberal arts 一般教養科目
☐ matriculation 大学入学許可
☐ scholarship 奨学金，学問
☐ syllabus(講義などの)摘要，要旨

PART 1
重要英単語＆イディオム

テーマ 10
事件・犯罪

具体的な事件記事の英文のほか, 死刑制度など司法制度に関する英文の出題も見られる。
基本的な用語を確認しておきたい。

●最頻出キーワード

□ **crime**	图（法律上の）**罪, 犯罪行為** commit a crime 犯罪を犯す [関連] criminal 图 犯人 形 犯罪の suspect 容疑者
□ **legal**	形 **合法的な, 法律（上）の** [関連] illegal 不法の, 非合法の legalize 合法化する legalize illegal immigrants 不法移民を正当と認める
□ **moral**	形 **道徳的な, 道徳（上）の** [関連] moral hazard 倫理の欠如, モラルハザード
□ **punish**	動 **罰する** [関連] punishment 罰, 刑罰 capital punishment 死刑, 極刑 death penalty 死刑
□ **traffic**	图 **交通, 往来,（形容詞的に）交通の** [関連] traffic accident 交通事故 traffic violation[offence] 交通違反

●頻出キーワード

□ **abuse**	图 **虐待** 動 **虐待する** abuse by a parent 親による虐待 prevent child abuse 児童虐待を防止する [関連] sexual abuse 性的虐待
□ **evident**	形 **明白な** [関連] evidence 証拠 circumstantial evidence 状況証拠 witness 目撃者, 証人

☐ **innocence**	名 **無罪**
	prove a suspect's <u>innocence</u> 容疑者の無罪を証明する
	関連 innocent 無罪の
	guilty 有罪の
☐ **murder**	名 **殺人 (事件)** 動 **殺害する**
	関連 homicide 殺人
	robbery 強盗
	theft 窃盗
☐ **police**	名 **警察, 《集合的に》警察官**
	関連 police officer 《一人ひとりの》警察官
	detective 探偵, 刑事
☐ **prosecute**	動 **起訴する**
	He was <u>prosecuted</u> for stealing.
	彼は窃盗容疑で起訴された。
	関連 prosecutor 検察官, 検事
	counsel 弁護人
	judge 裁判官, 判事
	jury 陪審
☐ **trial**	名 **裁判**
	関連 court 法廷, 裁判所
☐ **victim**	名 **犠牲者, 被害者**
	fall (a) <u>victim</u> to a crime 犯罪の犠牲になる
☐ **violent**	形 **暴力的な, 凶暴な**
	関連 violent crime 凶悪犯罪
	violence 暴力 (行為)
	domestic violence 家庭内暴力

✳️ その他の重要語句 ✳️

☐ criminal investigation 犯罪捜査
☐ criminal record 前科, 犯罪歴
☐ criminology 犯罪学
☐ finger print 指紋
☐ fraud 詐欺

☐ FBI (Federal Bureau of Investigation) (米国) 連邦捜査局
☐ motive 動機
☐ postmortem examination 検視
☐ shoplifting 万引き

テーマ 11
ジェンダー

女性の社会進出や男女差別の問題，社会的・心理的側面における男女の違いなどが取り上げられている。

●最頻出キーワード

☐ **career**	图 職業，経歴
	関連 career advancement 出世，昇進
	career development キャリア開発
	dual-career 共働きの
☐ **discriminate**	動 差別する
	sexually <u>discriminate</u> against women
	女性に対し性差別を行う
	関連 discrimination 差別
	sex[sexual] discrimination 性差別
☐ **male**	形 男性の
	関連 masculine 男性の，男らしい
	female 女性の
	feminine / womanly 女性の，女らしい
☐ **harass**	動 いらいらさせる，嫌がらせをする
	関連 sexual harassment 性的嫌がらせ，セクハラ
☐ **society**	图 社会，世間
	関連 social 社会の，社会的な
	sociology 社会学

●頻出キーワード

☐ **feminism**	图 男女同権主義，女権拡張主義，フェミニズム
	関連 feminist 男女同権主義者
	women's lib 女性解放運動
☐ **gender**	图 性別，性
	関連 gender discrimination 性差別
	sex 性，性別
	gender-neutral 男女の区別のない
	gender-specific どちらかの性に限定された

☐ **gap**	名	相違，隔たり
		wage <u>gap</u> between men and women 男女間の賃金格差
	関連	gender gap 男女の性差
☐ **homemaker**	名	専業主婦［主夫］
	関連	housewife 主婦
		househusband 主夫
☐ **hostile**	形	敵意をもった，敵対する
	関連	hostility 敵意，反感
☐ **marry**	動	結婚する
	関連	divorce 離婚する
		married 結婚している，既婚の
		a married woman 既婚女性
☐ **opportunity**	名	機会，好機
		equal <u>opportunity</u> in employment 雇用の機会均等
☐ **outnumber**	動	数で上回る，数が多い
		<u>outnumber</u> males（女性が）男性の数を超える
☐ **position**	名	地位，身分
		take on a <u>position</u> of responsibility 責任のある地位につく
	関連	rank 地位，身分，階級
☐ **role**	名	役割
		play an important <u>role</u> 重要な役割を果たす
☐ **stereotype**	名 固定観念 動 固定観念でとらえる	
	関連	stereotypical 紋切り型の，お決まりの

✦その他の重要語句 ✦

☐ gender-equal society 男女共同参画社会	☐ patriarchy 家父長制
☐ gender identity disorder 性同一性障害	☐ sexual ethics 性道徳，性倫理
☐ maternity leave 育児休暇	☐ social geography 社会地理学
☐ minister for gender equality	☐ transgender トランスジェンダー
男女共同参画担当大臣	☐ X[Y] chromosome X[Y] 染色体

テーマ 12

日 本

外国人の目から見た日本の姿など，日本独自の文化や社会に関する英文が多い。

● 最頻出キーワード

□ custom	名 (社会・団体の) **慣習，風習**
	関連 customary 習慣的な，慣例の
	habit (個人的な) 習慣，癖
□ loyal	形 **忠実な，誠実な**
	He is very <u>loyal</u> to his company.
	彼は自分の会社への忠誠心がとても強い。
	関連 loyalty 忠義，忠誠心
□ ritual	名 **儀式** 形 **儀式の，儀礼的な**
	<u>ritual</u> apology 儀礼的な謝罪
	関連 ritualism 儀式偏重，儀式主義
□ tourism	名 **観光事業**
	関連 tourist 旅行者，観光局
	foreign tourist 外国人観光客
	tourist visa 観光ビザ
□ tradition	名 **伝統，しきたり，慣習**
	関連 traditional 伝統的な
	traditional Japanese foods 伝統的な日本食

● 頻出キーワード

□ cherry blossom	名 **サクラ (の花)**
	関連 cherry サクラ (の木) (= cherry tree)
	crested ibis (鳥の) トキ
□ consensus	名 **意見の一致，大多数の意見**
	We reached (a) <u>consensus</u> on the issue.
	私たちはその問題について合意に達した。
□ craftsman	名 **職人，工芸家**
	関連 craftsmanship 職人技
	artisan 職人，熟練工

□ **encounter**	動 遭遇する，出くわす　名 思いがけない出会い，遭遇
	encounter some surprises
	いくつかの驚くべきことに出くわす
□ **humid**	形 湿気の多い
	a hot and <u>humid</u> day 蒸し暑い日
	関連　humidity 湿気，湿度
□ **mentality**	名 (ものの) 見方，考え方，精神構造
	understand the Japanese <u>mentality</u>
	日本人のものの見方を理解する
□ **postwar**	形 戦後の，第二次世界大戦後の
	関連　postwar economic recovery 戦後の経済復興
	prewar 戦前の
□ **shogunate**	名 (日本の) 将軍の職，幕府
	関連　Tokugawa[Edo] shogunate 徳川 [江戸] 幕府
	feudal 封建制度の
□ **standard**	名 基準，標準，水準
	関連　world standard 世界標準
	standard of living[expenditure] 生活 [消費] 水準
□ **tea ceremony**	名 茶道，茶会
	関連　powdered green tea 抹茶
	flower arrangement 華道，生け花
	calligraphy 書道
□ **unique**	形 特有の，独特の
	The custom of White Day is <u>unique</u> to Japan.
	ホワイトデーの習慣は日本特有である。

★ その他の重要語句 ★

□ aged society 高齢社会
□ Chinese characters 漢字
□ commuter('s) train 通勤電車
□ decorative art 装飾芸術
□ encouragement[promotion] of new industry 殖産興業

□ export-driven 輸出主導 (型) の
□ hot spring 温泉
□ Japanology 日本研究，日本学
□ prior consultation 根回し，事前協議
□ transience はかなさ，無常
□ workaholic 仕事中毒

PART 1
重要英単語＆イディオム

テーマ 13
歴史・文化

一般的にも使われている用語は教養として身につけておきたい。また，宗教に関する用語にも注意しておこう。

●最頻出キーワード

□ **archaeology**	图 **考古学**
	関連　archaeologist 考古学者
	archaic 古風な，初期の，旧式の
□ **capitalism**	图 **資本主義**
	関連　socialism 社会主義
	communism 共産主義
	nationalism 民族主義，国家主義
□ **era**	图 (政治上，歴史上重要な) **時代，時代区分**
	関連　epoch (重大な事件の起こった) 時代，新時代
	period (歴史上特色のある) 期間，時代
□ **seclusion (policy)**	图 **鎖国**
	関連　(Meiji) Restoration 明治維新
	shogunate 幕府
□ **clergy**	图 **聖職者**
	関連　priest 司祭，牧師，聖職者
	nun 修道女，尼僧

●頻出キーワード

□ **ancient**	形 **古代の**
	関連　ancestor 祖先，先祖
	ancestry 家系，血統
□ **burial**	图 **埋葬，土葬**
	関連　cremation 火葬
	funeral 葬儀，告別式
□ **collapse**	動 **崩壊する**　图 **崩壊，倒壊**
	Communism <u>collapsed</u>. 共産主義が崩壊した。
	関連　ruin 荒廃，崩壊 (した状態)

☐ **contemporary**	名 同時代の人　形 (人・作品が) 同時代に存在する
	関連　contemporaneous(事・物が) 同時代に起こった
☐ **feudal**	形 封建制の
	関連　feudalistic 封建(主義)的な
	feudalism 封建主義，封建制度
	feudal lord 封建君主
☐ **parochial**	形 教区の，地方的な，偏狭な
	関連　parochial school 教区学校
☐ **prehistoric**	形 有史以前の，先史時代の
	関連　prehistory 先史時代(の事柄)，先史学
☐ **monarch**	名 君主，(女)王，(女)皇帝
	関連　emperor 皇帝
	czar(帝政ロシアの)皇帝
	sultan サルタン，スルタン(イスラム教国の君主)
	monarchy 君主政治，君主制(国家)
☐ **origin**	名 起源，由来
	関連　original 形 最初の，独創的な　名 原物，原作
	originality 独創性，斬新さ
☐ **privileged**	形 特権のある
	関連　aristocrat 貴族，上流階級の人
☐ **religious**	形 宗教の
	関連　religion 宗教
	sacred 神聖な
	secular 非宗教的な，世俗的な
☐ **worship**	名 (神などへの宗教的)崇拝，礼拝　動 崇拝する
	関連　service(宗教上の)儀式，(定期的な)礼拝

☆ その他の重要語句 ☆

☐ civilization 文明

☐ crusade 十字軍，聖戦

☐ dictatorship 独裁政治，独裁体制

☐ Industrial Revolution 産業革命

☐ feat 偉業，功績

☐ manuscript (手書きの)原稿，草稿

☐ terminology 専門用語，術語

☐ the Roman Empire ローマ帝国

☐ way of life 生活様式

☐ World Heritage Site 世界遺産

テーマ 14
生　活

身近な生活に関する用語もしっかりチェックしておこう。

●最頻出キーワード

□ dwelling	图 住居，居住施設
	関連 dweller 住人，居住者
	inhabitant 住民，居住者，定住者
	resident 在住者，（一時的な）居住者
□ ethic	图 倫理，道徳
	関連 moral 教訓，道徳
	morality 道徳性，道徳学
□ literacy	图 読み書き能力，教養があること
	関連 literate 読み書きができる，教養のある
	illiterate 読み書きができない，教養のない
□ practical	形 実用的な，実際に役立つ
	practical information 役に立つ情報
	関連 practice 実行，実践
□ reverence	图 敬意，崇敬
	関連 prayer 祈り，祈りの言葉
	adoration 崇拝，尊崇

●頻出キーワード

□ bargain	動 商談［交渉］する，値切る
	I bargained with the real estate agent about the price.
	私は不動産屋に値引きするよう交渉した。
	関連 haggle 値切る，言い争う
	haggle over the prices 値引き交渉する
□ behave	動 ふるまう，行動する
	He always behaves politely.
	彼はいつも礼儀正しくふるまう。
	関連 behavior ふるまい，行動
□ biased	形 偏った

	関連 bias 偏見，えこひいき
	prejudice 先入観，偏見，毛嫌い
☐ **classify**	動 **分類する**
	<u>classify</u> animals into some groups 動物を数組に分ける
	関連 classification 分類（作業）
☐ **compliment**	名 **賛辞，お世辞**
	関連 tribute 賛辞，感謝の印
	flattery お世辞，へつらい
☐ **exclude**	動 **除外する，締め出す**
	関連 exclusive 排他的な，閉鎖的な
	exclusion 除外，排斥
☐ **hardship**	名 **苦難，苦労，困窮，苦痛（を与えるもの）**
	overcome many <u>hardships</u> 幾多の苦難を乗り越える
☐ **spirit**	名 **精神，霊魂**
	a <u>spirit</u> of good 善の精神
	関連 spiritual 精神的な，霊的な
	<u>spiritual</u> affluence 精神的な豊かさ
☐ **tempt**	動 **誘惑する，そそのかす**
	関連 temptation 誘惑
	yield[give in] to <u>temptation</u> 誘惑に負ける
☐ **commodity**	名 **商品，日用品**
	goods 商品，品物
	product 製品
	merchandise 商品

★その他の重要語句 ★

☐ bullying いじめ
☐ consumer 消費者
☐ contract 契約（書）
☐ cooling-off period クーリングオフ期間
☐ discretion 自由裁量，判断の自由

☐ expiration date 有効期限，賞味期限
☐ greed 貪欲，欲張り
☐ occupation 職業
☐ popularization 普及，大衆化
☐ repository 保管場所，（知識の）宝庫

PART 1
重要英単語＆イディオム

テーマ 15
コミュニケーション

社会生活の基礎となるコミュニケーション関連の用語も押さえておこう。

●最頻出キーワード

☐ **communicate**	動 (意思・感情などを) 伝える communicate an idea to other people 他者にアイデアを伝える 関連 communication 伝達，意思の疎通
☐ **criticize**	動 (作品などを) **批評する，批判する，**(人を) **非難する** She criticized her son for being selfish. 彼女は息子を自分勝手だと非難した 関連 critic 批評家，評論家，あら探しをする人 criticism 批評，非難
☐ **emotion**	名 **感情** 関連 feeling 感情 emotional 感情的な
☐ **interaction**	名 **相互作用，交流，相互対話** 関連 interactive 対話型の，相互対話のある an interactive TV 双方向テレビ
☐ **opinion**	名 **意見，考え** What's your opinion about[on] copyright issues? 著作権問題についてあなたはどう思いますか。

●頻出キーワード

☐ **criterion**	名 (判断などの) **基準，尺度** (複数形は criterions もしくは criteria。)
☐ **discuss**	動 **話し合う，討論する** discuss the matter with experts その問題について専門家たちと討論する 関連 debate 討論する，討論 (会)，ディベート discussion 議論，討論，話し合い group discussion グループ討議

express	働 表現する，表す
	関連 expression 表現
	freedom of expression 表現の自由
	an idiomatic expression 慣用的な表現
lie	名 うそ 働 うそをつく
	関連 cheat (人を) だます
	fraud 詐欺
misunderstand	働 誤解する
	I misunderstood his explanation.
	私は彼の説明を誤解していた。
	関連 misunderstanding 誤解
	mistake 間違える，誤解する
perspective	名 大局観，全体像，（特定の）観点
	gain perspective 全体像をつかむ
persuasion	名 説得，説得力
	関連 persuade 説得する，納得させる
	dissuade (説得して) 断念させる
reciprocal	形 相互の，互いの
	関連 reciprocal understanding 相互理解
	mutual 相互の
sign	名 標示，身ぶり，記号，兆候
	talk by[in] signs 身ぶりで話す
	関連 traffic signs 交通標識
	signify (身ぶりなどで) 示す，意味する
	signal 信号，兆候
	gesture 身ぶり，手ぶり，しぐさ

🌟その他の重要語句 ⭐⭐

- agenda 議題 (のリスト)，検討課題
- context(文章などの) 前後関係，文脈
- counterpart (対等の) 相手方
- cross-cultural 異文化の
- dialogue 対話，会話
- face-to-face bargaining
  面と向かっての［対面による］交渉
- generation gap 世代間の断絶
- moderator 仲裁者，司会者
- satisfaction 満足

テーマ 16

言　語

英語の話題はもちろん，消えゆく言語に関する英文などが取り上げられている。

●最頻出キーワード

□ linguistic	形 言語の，言語学の
	関連 linguistics《単数扱い》言語学
	linguist 外国語に堪能な人，言語学者
	lingual 言語の，舌の，舌音の
	bilingual 二カ国語を話す(人)
□ master	動 習得する，支配する　名 主人，名人
	master a foreign language 外国語を習得する
□ translate	動 翻訳する，言い換える
	translate a book from Japanese into English
	本を日本語から英語に翻訳する
	関連 translation 翻訳(すること)，翻訳物
	interpret 通訳する，解釈する
□ vanish	動 (忽然と)消える，消滅する
	関連 disappear 消える
	fade 次第に見えなくなる
□ verbal	形 口頭の，言葉の
	関連 verbal instructions 口頭による指示
	oral / spoken 口頭の，口で言う
	written 書かれた，成文の

●頻出キーワード

□ dialect	名 方言，地方なまり
	speak Scottish dialect スコットランドなまりを話す
	関連 dialectal 方言(特有)の
	dialectic 弁証法
□ diverse	形 様々な，多様な
	関連 diversity 多様性
	different / various さまざまな

□ **dominant**	形 支配的な，優勢な
	English is the <u>dominant</u> language on the Internet.
	英語はインターネット上の支配的な言語である。
	関連 dominate 支配する，優位に立つ
□ **grammar**	名 文法
	関連 grammatical 文法(上)の
	a grammatical mistake 文法上の誤り
	syntax 構文(論)
□ **native**	形 出生地の，(その土地に)固有の
	名 その土地の人，先住民
	a native <u>speaker</u> of English 英語を母語として話す人
□ **narrative**	名 物語，話，語ること　形 物語(形式)の，話術の
	関連 narration 語り，叙述，物語形式
	narrator 語り手，ナレーター
□ **phrase**	名 成句，言葉づかい，(文法用語の)句
	関連 an idiomatic phrase 慣用句
	a famous phrase 有名な言い回し
□ **tongue**	名 言語，国語，舌，言葉づかい
	関連 mother[native] tongue 母語
□ **verb**	名 動詞
	関連 regular[irregular] verb 規則[不規則]動詞
	noun 名詞　pronoun 代名詞　adjective 形容詞
	adverb 副詞　proposition 前置詞
	conjunction 接続詞　interjection 間投詞

その他の重要語句

□ cursive 筆記体の，続け字の

□ fluent (言葉が)流暢な

□ ideogram 表意文字

□ phonogram 表音文字

□ language barrier 言葉の壁

□ metaphor 隠喩，暗喩，メタファー

□ method 方法，方式

□ proficient 堪能な

□ syllable 音節

□ vocabulary 語彙，単語集

テーマ 17
ことわざ

英語のことわざと日本語のことわざを対応させて覚えておこう。

□ **A door must either be shut or open.**
虻蜂取らず（**直訳** ドアは閉めるか開けるかしなければならない）

□ **After us the deluge.**
後は野となれ山となれ（**直訳** 我々の後には大洪水あり）

□ **A saint's maid quotes Latin.**
門前の小僧習わぬ経を読む（**直訳** 聖人のメイドはラテン語を引用する）

□ **A word is enough to the wise.**
一を聞いて十を知る（**直訳** 賢者には一語で十分である）

□ **An ill life makes an ill end.**
身から出た錆（さび）（**直訳** 悪の人生は悪で終わる）

□ **Anything is better than nothing.**
枯れ木も山のにぎわい（**直訳** どんなものでも何もないよりはよい）

□ **Don't count your chickens before they are hatched.**
捕らぬ狸の皮算用（**直訳** 卵がかえる前に鶏を数えるな）

□ **Easy come, easy go.**
悪銭身につかず（**直訳** 得やすいものは失いやすい）

□ **Every miller draws water to his own mill.**
我田引水（**直訳** 粉屋はみんな，自分の水車場に水を引く）

□ **Fear is often greater than the danger.**
案ずるより産むが易し（**直訳** 恐れはしばしば危険よりも大きい）

□ **He that would know what shall be, must consider what has been.**
温故知新（**直訳** 何が起こるか知りたい者は，何が起こったかを考えなければならない）

□ **Homer sometimes nods.**
弘法も筆の誤り（**直訳** ホメロスも時々居眠りをする）

□ **Let sleeping dogs lie.**
触らぬ神に祟（たた）りなし（**直訳** 眠っている犬はそのままにしておきなさい）

□ **Look before you leap.**
転ばぬ先の杖（**直訳** 跳ぶ前に見なさい）

- **Make the best of a bad bargain.**
  禍を転じて福となす（**直訳** 不利な状況を利用しなさい）
- **Might is right.**
  勝てば官軍（**直訳** 力は正義である）
- **Money talks.**
  地獄の沙汰も金次第（**直訳** 金がものを言う）
- **Nothing ventured, nothing gained.**
  虎穴に入らずんば虎児を得ず（**直訳** 危険を冒さなければ，手に入れられない）
- **Set a thief to catch a thief.**
  蛇の道は蛇（**直訳** 泥棒を捕まえるには泥棒を使え）
- **Slow but sure wins the race.**
  急がば回れ（**直訳** 遅くても着実な者が競争に勝つ）
- **Sometimes the best gain is to lose.**
  損して得取れ（**直訳** 時には失うことが最善の収穫になる）
- **The proof of the pudding is in the eating.**
  論より証拠（**直訳** プディングがうまくできたかどうかは，食べてみなければわからない）
- **The law is not the same at morning and at night.**
  朝令暮改（**直訳** 朝と夜で法律は異なる）
- **There are times when a white lie is the best you can do.**
  嘘も方便（**直訳** 悪意のない嘘をつくことが最善である時もある）
- **There's no shortcut to good scholarship.**
  学問に王道なし（**直訳** よい学問に近道はない）
- **To every bird his own nest is best.**
  住めば都（**直訳** どの鳥も自分の巣が最もよい）
- **Two heads are better than one.**
  三人寄れば文殊の知恵（**直訳** 一つの頭より二つのほうがよい）
- **When the cat is away, the mice will play.**
  鬼の居ぬ間に洗濯（**直訳** ネコがいないとき，ネズミは遊ぶ）
- **When you take shelter, make sure you go under a big tree.**
  寄らば大樹の陰（**直訳** 避難をするときは，必ず大きな木の下に行きなさい）
- **You have to learn to walk before you can run.**
  千里の道も一歩から（**直訳** 走れるようになる前に歩くのを習わなければならない）

※〔例題1〕

次の日本語のことわざまたは慣用句と英文との組合せ A ～ E のうち，双方の意味が類似するものを選んだ組合せとして，妥当なのはどれか。

【平成26年度・特別区】

A	犬の遠吠え	—— Let sleeping dogs lie.
B	後は野となれ山となれ	—— After us the deluge.
C	酒は百薬の長	—— Good wine makes good blood.
D	亭主関白の位	—— Every man has his humor.
E	捕らぬ狸の皮算用	—— Don't count your chickens before they are hatched.

1 A B D
2 A C D
3 A C E
4 B C E
5 B D E

※解説※

A：誤り。let O do で「O を～させてやる」の意味。英文を直訳すると「眠っている犬は寝かせておきなさい」で，「触らぬ神に祟りなし」に近い意味を表す。

B：正しい。英文の「我々の後には大洪水あり」は「当面のことが解決できていれば後はどうなってもいい」という内容を表している。

C：正しい。英文の直訳は「良いワインは良い血液を作る」であり，「適量の酒を摂取することで健康になれる」という意味になる。

D：誤り。英文の man は男性に限らず，不特定の「人」を表す。直訳すると「だれもが自分の気質を持っている」となり，日本のことわざ「十人十色」に近い意味を表す。

E：正しい。英文の直訳は「卵がかえる前に鶏を数えてはいけない」。「確実に手に入るかわからないのに，手に入るものとして期待する」という意味になる。

　以上より，**4** の B，C，E の組合せが正しい。

正答 **4**

▧ 例題2

次の日本語のことわざまたは慣用句と英文との組合せ A ～ E のうち，双方の意味が類似するものを選んだ組合せとして，妥当なのはどれか。

【平成22年度・特別区】

A　明日は明日の風が吹く ―― He who makes no mistakes, makes nothing.

B　身から出た錆(さび) ―― An ill life makes an ill end.

C　一石二鳥 ―― To every bird his own nest is best.

D　損して得取れ ―― Sometimes the best gain is to lose.

E　温故知新 ―― He that would know what shall be,
　　　　　　　　　　 must consider what has been.

1　A　B　D

2　A　C　D

3　A　C　E

4　B　C　E

5　B　D　E

▧ 解説 ▧

A：誤り。英文の He は不特定の「人」を表す。直訳すると「一つも間違いを犯さない者は，何も成すことはない」であり，「何かを成すためには間違いをすることも必要である」という意味になる。

B：正しい。英文の直訳は「よくない生き方がよくない結果をもたらす」で，「自分の悪い振る舞いが災いの要因となる」という内容を表している。

C：英文の直訳は「どの鳥も，自分の巣が最もよい」で，日本のことわざ「住めば都」に近い意味。一方「一石二鳥」には，英語の慣用表現 kill two birds with one stone が合致する。

D：正しい。英文は「失うことが最大の利得となるときもある」という意味。つまり「一時的に損をしたとしても，それを生かして最終的に得になればよい」という考え方を表す。

E：正しい。英文の would は現在の願望を表す。shall が未来を表し，has been が現在までの継続を表しているので，英文は「この先のことを知りたい者は，これまでのことを考慮しなくてはならない」という意味になる。

　以上より，**5** の B，D，E の組合せが正しい。

正答 **5**

内閣　Cabinet ─ 内閣官房　Cabinet Secretariat

内閣法制局　Cabinet Legislation Bureau

人事院　National Personnel Authority

復興庁　Reconstruction Agency

内閣府　Cabinet Office

宮内庁　Imperial Household Agency

公正取引委員会　Fair Trade Commission

金融庁　Financial Services Agency

消費者庁　Consumer Affairs Agency

国家公安委員会　National Public Safety Commission

警察庁　National Police Agency

総務省　Ministry of Internal Affairs and Communication

法務省　Ministry of Justice

外務省　Ministry of Foreign Affairs

財務省　Ministry of Finance

文部科学省　Ministry of Education, Culture, Sports, Science and Technology

厚生労働省　Ministry of Health, Labour and Welfare

農林水産省　Ministry of Agriculture, Forestry and Fisheries

経済産業省　Ministry of Economy, Trade and Industry

国土交通省　Ministry of Land, Infrastructure and Transport

環境省　Ministry of Environment

防衛省　Ministry of Defense

公害等調整委員会　Environment Dispute Coordination Commission

消防庁　Fire and Disaster Management Agency

検察庁　Public Prosecutors Office

公安調査庁　Public Security Intelligence Agency

国税庁　National Tax Agency

文化庁　Cultural Affairs Agency

スポーツ庁　Sports Agency

中央労働委員会　Central Labour Relations Commission

林野庁　Forestry Agency

水産庁　Fisheries Agency

資源エネルギー庁　Agency for Natural Resources and Energy

特許庁　Patent Office

中小企業庁　Small and Medium Enterprise Agency

観光庁　Tourism Agency

気象庁　Meteorological Agency

運輸安全委員会　Transport Safety Board

海上保安庁　Coast Guard

原子力規制委員会　Nuclear Regulation Authority

防衛装備庁　Acquisition, Technology and Logistics Agency

PART 2

思い出し英文法

代名詞・形容詞・副詞

指示代名詞と不定代名詞の違い，可算名詞と不可算名詞の違いを理解するのが重要。

※ 例 題

次の文の（　　）に適するものの番号を選べ。

(1) She has many books on cooking. I would like to borrow（**1** one　**2** it　**3** that ）.

(2) Here are two books. One is a novel and（**1** the other　**2** the others ）is a comic.

(3) （**1** Either　**2** Each　**3** Both ）of these bags look very nice.

(4) There is（**1** little　**2** few ）money in my purse.

(5) Do you take（**1** many　**2** much ）sugar in your coffee?

(6) We have to be（**1** sensible　**2** sensitive ）to the children's needs.

(7) Have you done your report（**1** yet　**2** just ）?

※ 解説 ※

(1) （訳）彼女は料理の本をたくさん持っている。私は1冊借りたいのだが。

　　不定代名詞 one は前出の名詞と同じ種類だが，不特定のものを表す場合，〈a＋普通名詞〉の代わりに用いられる。1度出てきたものを具体的に指す場合，〈the＋普通名詞〉の代わりに it を用いる。that は文中ですでに述べられた名詞の繰り返しを避けるために，〈the＋名詞〉の代わりに用いられる。

正答 **1**

(2) （訳）ここに2冊本がある。1冊は小説でもう1冊はマンガ本だ。

　　特定の2つのものや人について，「一方」を表す場合は one を，「他方」を表す場合は the other を用いる。「他方」が2つ以上の場合は the others を用いる。others が無冠詞で用いられると，不特定の「他のもの」を表す。また，不特定の「他の，別の（1つ）」を表す場合は，another を用いる。

正答 **1**

(3) （訳）これらのバッグは両方ともとてもすてきだ。

　　either は2つのものや人について「どちらか」という意味を表し，単数扱いとなる。each は2つ以上のものや人について「それぞれ」「おのおの」という意味を表し，単数扱いとなる。both は2つのものや人について「両方とも」という意味を表し，複数扱いとなる。また，either の否定形は neither で「どちらも～ない」という意味を表し，こちらも単数扱い。

正答 **3**

(4) （訳）財布にお金はほとんど入っていない。

　few は可算名詞の前に，little は不可算名詞の前に置いて，「ほとんどない」という否定的な意味を表す。a few と a little は「少しはある」という肯定的な意味を表す。注意すべき表現として，quite a few[little] で「かなり多くの」，only a few[little] で「ほんのわずかの」などがある。

正 答 **1**

(5) （訳）コーヒーに砂糖をたくさん入れて飲むのかい。

　「たくさんの」という意味を表す場合，many は可算名詞の前に置き，much は不可算名詞の前に置く。同様に「たくさん」を表す a lot of，lots of は可算名詞，不可算名詞の両方に用いることができる。

正 答 **2**

(6) （訳）子どもたちのニーズに敏感でなければならない。

　sensible は「分別のある，賢明な」，sensitive は「敏感な，神経過敏な」という意味。同じ語から派生した形容詞でも，接尾辞によって意味も変わるので注意。

considerate「思いやりがある」	respectable「立派な，品のよい」
considerable「かなりの」	respectful「ていねいな，礼儀正しい」
imaginative「想像力に富んだ」	industrial「産業の」
imaginary「想像上の，架空の」	industrious「勤勉な」

正 答 **2**

(7) （訳）もうレポートは終わったのかい。

　yet は否定文・疑問文で用いられ，否定文では「まだ」，疑問文では「もう」という意味になり，ふつう文末に置かれる。just は肯定文で用いられ，「ちょうど今（…したばかり）」という意味になり，ふつう have と過去分詞の間に置かれる。

正 答 **1**

✔ チェック問題 　正答は 90 ページ

次の文の（　）に適するものの番号を選べ。
(1) The temperature here is higher than （**1** that　**2** it　**3** one） in Tokyo.
(2) Would you like to have （**1** another　**2** the other） cup of coffee?
(3) I wrote to Mary and Kate, but （**1** every　**2** neither　**3** both） of them has replied.
(4) There were quite （**1** a few　**2** a little） spectators at the game last Sunday.
(5) There is （**1** many　**2** much　**3** lot of） water in the bottle.
(6) She is （**1** industrial　**2** industrious） in her work.
(7) She has （**1** yet　**2** just　**3** still） finished her homework.

冠詞と名詞

定冠詞と不定冠詞の違いをおおまかに理解しておこう。

※ 例 題

（　　）に適するものの番号を選べ。

(1) She practices swimming twice（**1** a　**2** the）month.

(2) He took me by（**1** a　**2** the　**3** my）arm.

(3) Have you ever seen（**1** the　**2** a）Nile?

(4) My teacher gave me（**1** many advice　**2** many advices　**3** much advice）.

(5) Do you like（**1** tea　**2** a tea　**3** the tea）for breakfast?

(6) All his（**1** family　**2** families）are early risers.

(7) To my（**1** surprise　**2** surprised　**3** surprising）, I won the first prize.

※ 解説 ※

(1) （訳）彼女は月に２回水泳の練習をしている。

　　不定冠詞 a/an は，単数の可算名詞の前に置いて，「１つの」（= one）という意味を表す。また，単位を表す名詞の前では「～につき，～ごとに」という意味を表す。

|正 答|**1**|

(2) （訳）彼は私の腕をつかんだ。

「腕をつかむ」「肩をたたく」などの表現では，〈動詞＋人＋前置詞＋the＋体の部分〉という形になり，体の一部を表す場合，必ず定冠詞 the がつく。

|正 答|**2**|

(3) （訳）ナイル川を見たことがあるかい。

　　固有名詞は冠詞をつけないのが原則だが，「固有名詞＋普通名詞」の形をしているものや，〈of＋名詞〉で限定されるもの，複数形の固有名詞などには定冠詞をつける。

the English channel　「イギリス海峡」　　**the** Alps　「アルプス山脈」

the Bay of Tokyo　「東京湾」　　**the** Smiths　「スミス家の人々」

　　本問の場合，the Nile River の River が省略された形だと考えよう。

|正 答|**1**|

(4) （訳）先生は私にたくさん助言してくれた。

　　advice「助言」や information「情報」などの抽象名詞は不可算名詞で，ふつう無冠詞・単数形で用いられる。程度の多少を表すときには，数を表す many や

(a) few ではなく，量を表す much，some，any，(a) little などを用いる。

正答 **3**

(5) (訳)朝食に紅茶を飲むかい。

一定の形を持たない物質名詞 (tea，air，water，milk など) は不可算名詞で，ふつうは不定冠詞をつけたり，複数形にすることはない。ただし，形容詞で修飾される場合には a をつけることもある。また，特定のものを表す場合は the をつける。

I had **a good breakfast** this morning.　私は今朝おいしい朝食を食べた。

The dinner my mother served was delicious.　母が出してくれた夕食はおいしかった。

正答 **1**

(6) (訳)彼の家族はみな早起きだ。

集合名詞は，その集合体が全体として 1 つのまとまった単位として考えられている場合は単数扱いで，集合体の中の個々について考えられている場合は，単数形でも複数扱いである。

A family of five lives in this house.　5 人家族の世帯がこの家に住んでいる。

なお，families と複数形にすると，「家族の世帯数」を表すことになるので注意。

There are **five families** in this apartment.　このアパートには 5 世帯の家族が住んでいる。

正答 **1**

(7) (訳)驚いたことに，私が一等賞を獲得した。

to one's 〜 は，喜怒哀楽などの感情を表す名詞を伴い，「〜したことには」という意味を表す。

正答 **1**

✔ チェック問題 　正答は 90 ページ

(　)に適するものの番号を選べ。

(1) How much do you earn （**1** a　**2** an　**3** the ） hour?

(2) She slapped me on （**1** a　**2** the　**3** my ） cheek.

(3) Can you tell me the way to get on （**1** a　**2** an　**3** the ） Tokaido Line?

(4) Do you have any （**1** information　**2** an information　**3** informations ） about it?

(5) What time did they have （**1** a breakfast　**2** breakfasts　**3** breakfast ） this morning?

(6) There was a large （**1** audience　**2** audiences ） at the concert.

(7) To my great （**1** disappoint　**2** disappointed　**3** disappointment), he didn't come.

PART2 思い出し英文法 テーマ3 動詞と文型

英文を読む上で文型は重要。主語 (S)・動詞 (V)・補語 (C)・目的語 (O) の4つの要素について理解しよう。

■ 例 題

次の (1)〜(5) の文と同じ文型を右の(a)〜(e)から選べ。

(1) She smiled happily.
(2) He is a baseball player.
(3) My father bought a car last month.
(4) Mr. Nakamura teaches us math.
(5) My mother calls me Jimmy.

(a) Michael made his daughter a dress.
(b) Kate looks sad.
(c) One of my friends lives in Spain.
(d) John made his son a lawyer.
(e) Anne likes to read books.

■ 解説 ■

(1) (訳)彼女は幸せそうにほほえんだ。

S＋V の形をとる第1文型の文。この文型の動詞は，補語や目的語をとらない完全自動詞と呼ばれる。第1文型で用いられる主な動詞は次のようなものである。

① 状態を表す動詞：be，live，stay，wait など
② 動作や変化を表す動詞：come，go，start，grow など

第1文型の文では，修飾語句がつくことが多い。なお，〈There＋be 動詞＋S〉の文も第1文型に含まれるので注意。

正答 (c) (訳)友人の1人はスペインに住んでいる。

(2) (訳)彼は野球選手だ。

S＋V＋C の形をとる第2文型の文。この文型の動詞は，補語を必要とするので，不完全自動詞と呼ばれる。第2文型では，S＝C の関係が成り立つ。この文型で用いられる主な動詞は次のようなものである。

① 状態を表す動詞：be，lie，stand など
② 状態の変化を表す動詞：become，come，get，grow，make，turn など
③ 外見を表す動詞：appear，look，seem など
④ 知覚動詞：feel，smell，sound，taste など

正答 (b) (訳)ケイトは悲しそうだ。

(3) (訳)先月父は車を買った。

S＋V＋O の形をとる第3文型の文。この文型の動詞は目的語をとり，補語を必要としないので，完全他動詞と呼ばれる。目的語になるのは名詞，代名詞，名詞

相当語句・節などである。なお，(e)は不定詞の名詞的用法が目的語になっている。

正答　(e)　(訳)アンは読書が好きだ。

(4)　(訳)中村先生が私たちに数学を教えている。

　　S＋V＋O₁＋O₂ の形をとる第 4 文型の文。この文型の動詞は，「〜に」にあたる間接目的語(O₁)と「〜を」にあたる直接目的語(O₂)をとる他動詞で，授与動詞と呼ばれる。この文型の O₁ と O₂ の語順を逆にした場合，O₁ の前に to や for を置く。そうしてできた文は第 3 文型となる。

Mr. Nakamura teaches math **to** us.　〔第 3 文型〕

　　O₁ の前に to を置くか for を置くかは，動詞による。

① to を置く動詞：give, pass, sell, send, show, teach など

② for を置く動詞：buy, find, get, make など

　　なお，ask の場合は，to や for ではなく，of を置く。また，bring の場合は，文意よって to と for どちらでも置くことができる。to の場合は，「〜に」という到達点を表し，for の場合は，「〜のために，〜の利益となるように」という意味を表す。

正答　(a)　(訳)マイケルは娘にドレスを 1 着作ってやった。

(5)　(訳)母はぼくのことをジミーと呼ぶ。

　　S＋V＋O＋C の形をとる第 5 文型の文。この文型の動詞は，目的語だけでなく補語も必要とするので，不完全他動詞と呼ばれる。第 5 文型では，O＝C の関係が成り立つ。この文型で用いられる動詞は主に次のようなものである。

call, elect, find, keep, make, name, paint, think など

正答　(d)　(訳)ジョンは息子を弁護士にした。

✔ チェック問題 　　正答は 90 ページ

次の日本語の意味に合うように，(　　)内の語句を並べかえよ。またその文型を記せ。

(1)　彼らはハリス氏をその委員会の議長に選んだ。

　　(elected, chairman, they, of, Mr. Harris, the committee).

(2)　デヴィッドは毎年妻に指輪を買ってあげている。

　　(his wife, buys, a ring, David) every year.

(3)　彼女は若者の間で人気が出てきた。

　　(among, popular, young, she, become, people, has).

(4)　テーブルの上にリンゴが 1 個ある。

　　(the table, apple, there, an, is, on).

(5)　私は昨日駅の近くで鈴木さんに会った。

　　(Ms. Suzuki, the station, I, near, met) yesterday.

時　制

時制には現在・過去・未来時制と呼ばれる基本時制のほかに，進行形や完了時制もあることに気をつけよう。

※ 【例 題】

次の文の（　　）に適するものの番号を選べ。

(1) My parents （ **1** get　**2** are getting　**3** have got ） up early every morning.

(2) I don't know if it （ **1** is　**2** will be　**3** were ） fine tomorrow.

(3) Have you （ **1** gone　**2** been ） to China before?

(4) We have （ **1** married　**2** been marrying　**3** been married ） for three years.

(5) The earth （ **1** go　**2** goes　**3** has gone ） around the sun.

(6) Ms. Tanaka （ **1** waits　**2** is waiting　**3** has been waiting ） since one o'clock.

※ 解説 ※

(1) (訳)両親は毎朝早起きする。

　　この文では，every morning「毎朝」ということから現在の習慣を表していることがわかる。動作を表す動詞の現在形は，現在を中心にして過去から未来にわたって習慣的に繰り返される動作を表す。このような文では，always「いつも」，often「しばしば」，sometimes「ときどき」，usually「たいてい」，every day「毎日」など，習慣性を表す副詞がよく用いられる。

正答 **1**

(2) (訳)明日晴れるかどうかわからない。

　　ifの意味に注意。「もし〜ならば」という条件を表す副詞節では，未来のことでも現在時制を用いるが，このifは「〜かどうか」という意味で名詞節を導き，動詞knowの目的語となっている。この場合tomorrowとあるため，時制は未来にする。

正答 **2**

(3) (訳)今までに中国へ行ったことがあるかい。

　　have been to は「〜へ行ったことがある」という経験，または「〜へ行ってきたところだ」という完了・結果を表す。have gone to は「〜へ行ってしまった（今ここにいない）」という完了・結果を表す。

She **has gone to** China. 〔完了・結果〕

彼女は中国へ行ってしまった（今ここにはいない）。

　　本問は，文末のbefore「以前に」から，経験を表す文であると判断できる。経

験を表す文では，before の他にも never「１度も〜ない」，ever「〔疑問文で〕今までに」，once「１度」などの副詞が用いられる。

　一方，完了・結果を表す文では，already「すでに」，just「ちょうど今」，yet「〔疑問文で〕もう」「〔否定文で〕まだ」などの副詞が用いられる。

正 答 **2**

(4) （訳）私たちは結婚して３年になる。

　現在までの状態の継続を表す現在完了の文。marry は「結婚する」という動作を表す動詞で，「結婚している」という状態を表す場合は，be married という形になる。現在完了進行形は過去のあるときから現在までの動作の継続を表す場合に用いられる。

正 答 **3**

(5) （訳）地球は太陽の周りを回っている。

　現在形を用いて，過去・現在・未来を通じて変化のない事実や不変の真理などを表すことができる。このような内容が従属節で述べられる場合，主節が過去や過去完了であっても，時制の一致は行われず，従属節の時制は現在のままである。

My teacher **said** that the earth **goes** around the sun.

先生は，地球は太陽の周りを回っていると言った。

正 答 **2**

(6) （訳）田中さんは１時からずっとお待ちです。

　現在完了進行形 have[has] been 〜 ing は，過去のあるときから現在まで継続している動作を表す場合に用いられる。過去のあるときから過去のあるときまで継続していた動作を表す，過去完了進行形 had been 〜 ing，過去のあるときから未来のあるときまで継続している動作を表す未来完了進行形 will have been 〜 ing などにも注意。

正 答 **3**

✔ チェック問題 ▦ 正答は 90 ページ

次の文の（　　）に適するものの番号を選べ。

(1) She（**1** study　**2** studies　**3** is studying ）in the library every day.

(2) I will go shopping if it（**1** is　**2** will be　**3** has been ）fine tomorrow.

(3) He has（**1** been　**2** gone ）to Paris.　So he is not here now.

(4) My grandmother has（**1** died　**2** been dead　**3** been died ）for ten years.

(5) Our science teacher said that light（**1** travels　**2** traveled　**3** has traveled ）faster than sound.

(6) They（**1** have been waiting　**2** had been waiting　**3** will have been waiting ）for two hours when the train arrived.

助動詞

助動詞とは動詞に密接に結びついて特別な意味を付け加える語のこと。慣用表現も覚えよう。

例 題

次の文の( )に適するものの番号を選べ。

(1) I just saw him playing baseball. He (**1** can   **2** can't   **3** could) be ill.

(2) Wherever you (**1** may   **2** must   **3** are) go, I will be thinking of you.

(3) I (**1** can read   **2** may read   **3** may have read) the book, but I don't remember that.

(4) It is natural that he (**1** should   **2** will   **3** would) say so.

(5) She (**1** is used to   **2** used to   **3** is using to) drive to work when she was young.

(6) You (**1** had not better   **2** had better not) go out late at night.

(7) You won't be busy tomorrow, (**1** will you   **2** won't you   **3** do you)?

解説

(1) (訳)彼が野球をしているのを見たところだ。彼が病気のはずはない。

can は「～できる」という意味の他に，否定文で「～のはずがない」という意味にもなる。can を用いた表現としては，cannot ～ too ...「どんなに～しても…しすぎることはない」，cannot help ～ ing や cannot help but ～ で「～せずにはいられない」などがある。

正答 **2**

(2) (訳)あなたがどこへ行こうとも，私はあなたのことを思っているわ。

「たとえ～でも」という意味を表す may は，whatever「どんなことが～しようとも」や however「どんなに～しても」，no matter ～「たとえ～であろうとも」など，譲歩を表す副詞節の中で用いられる。may を用いた慣用表現として，may well ～「～するのももっともだ」，may as well ～「～するほうがよい」などがある。

He **may well** be angry.　彼が立腹するのも当然だ。

You **may as well** leave now.　もうでかけたほうがよい。

正答 **1**

(3) (訳)その本を読んだかもしれないけれども，そんなこと覚えていないよ。

〈may＋have＋過去分詞〉は「～だったかもしれない」という意味で，過去のこと

について推量するときに用いる。may の代わりに must を置くと，「〜だったに違いない」，cannot を置くと「〜したはずがない」という意味になる。

正 答 **3**

(4) (訳)彼がそう言うのも当然だ。

　　It is 〜 that S should ... の構文で，当然・驚き・善悪など，話し手の感情や判断を主観的に述べ，「S が…するのは〜だ」という意味を表す。この構文では，natural「当然の」，strange「不思議な」，surprising「驚くべき」などの形容詞が主に用いられる。また，insist「要求する」，propose「提案する」，order「命令する」などのような要求・提案・命令などを表す動詞に続く that 節でも should が用いられる。なお，that 節で should を省略して動詞の原形を置く場合もある。

He **proposed** (that) we (**should**) **start** now.　彼は，私たちが今出発することを提案した。

正 答 **1**

(5) (訳)彼女は若い頃よく車で通勤していた。

　　used to 〜 は「以前は〜したものだ」という意味で，過去の習慣を表す。〈be used to + 名詞〉は「〜に慣れている」という意味になるので注意。

I **am used to** getting up early.　私は早起きには慣れている。

正 答 **2**

(6) (訳)夜遅くに外出しないほうがいいよ。

　　〈had better + 動詞の原形〉で「〜したほうがよい」という意味になる。形は過去形でも過去の意味はない。否定形にする場合は not を動詞の直前に置く。

正 答 **2**

(7) (訳)あなたは明日忙しくないよね。

　　付加疑問は，肯定の後では否定形に，否定の後では肯定形になる。Let's には shall we?，命令文にはふつう will you? をつける。

正 答 **1**

✔ チェック問題 　正答は 90 ページ

次の文の誤りを訂正せよ。

(1) You can't be to careful when you choose a wife.

(2) No matter how hard may he work, he won't finish his report by Friday.

(3) My brother cannot have been solved the problem.

(4) I ordered that he goes home immediately.

(5) You use to work hard when you were young.

(6) You had better not to remain here.

(7) Let's meet at six, don't you?

テーマ6 受動態

動作を行うものを主語にした形を能動態，動作を受けるものを主語にした形を受動態という。

■〔例 題〕

次の各組の英文がほぼ同じ意味になるように，（　　）に適語を入れよ。

(1) We can see a lot of stars on a clear night.

A lot of stars can （　　）（　　） on a clear night.

(2) My father gave me this book.

This book （　　）（　　）（　　） me by my father.

(3) His work satisfied us thoroughly.

We （　　） thoroughly （　　）（　　） his work.

(4) All his classmates laughed at him.

He （　　）（　　）（　　） by all his classmates.

(5) His parents made him study medicine.

He was made （　　）（　　） medicine by his parents.

※ 解説 ※

(1) （訳）よく晴れた夜には星がたくさん見える。

　　能動態を受動態に書き換えるときは，動詞の目的語を主語にし，動詞は〈be 動詞＋過去分詞〉で表す。動作主は by ～ で表すが，動作主が一般的な人などを表すときは省略することができる。

People speak English in this country.

English **is spoken** (by people) in this country.　　この国では英語が話されている。

　　本問のように助動詞がある場合は，〈助動詞＋be＋過去分詞〉とすればよい。

正 答 **be seen**

(2) （訳）父が私にこの本をくれた。

　　第4文型の直接目的語を主語にした受動態の文。直接目的語を主語にした場合，間接目的語の前には to/for を置く。第4文型には間接目的語と直接目的語の2つの目的語があるので，受動態の文を2つ作ることができる。

I **was given** this book by my father.

　　ただし，動詞によって，間接目的語を主語にした受動態の文が不自然とされるものもあるので注意。

①間接目的語, 直接目的語のどちらも受動態の文の主語になる動詞：

give, send, show, teach, tell など

②間接目的語を受動態の文の主語にすると不自然になる動詞：

buy, make, read, sing, write など

正答 **was given to**

(3) (訳)私たちは彼の仕事に完全に満足していた。

受動態の文では, 動作主はふつう by を用いて表すが, by 以外の前置詞が用いられる場合もある。

His name **is known to** everybody.　彼の名前はみんなに知られている。

We **are pleased with** the present.　私たちはそのプレゼントが気に入っている。

正答 **were, satisfied with**

(4) (訳)彼のクラスメートはみな彼を笑った。

laugh at のように前置詞などを伴って他動詞と同じ働きをする動詞を受動態に書き換える場合, 前置詞などを落とさないように注意する。make fun of ～「～をからかう」, speak ill of ～「～の悪口を言う」, take care of ～「～の世話をする」なども, ひとまとめにして受動態を作る。

He **was spoken ill of** by some girls.　彼は女の子たちに悪口を言われた。

正答 **was laughed at**

(5) (訳)彼の両親は彼に医学を勉強させた。

「～させる」の意味を表す使役動詞や, see, hear, feel などの知覚動詞は, 能動態の文では後にくる動詞は原形不定詞(to をとらない形)だが, 受動態の場合は to がつく。

He heard her **play** the piano.　彼は彼女がピアノを弾くのを聞いた。

She **was heard to** play the piano by him.　彼女はピアノを弾くのを彼に聞かれた。

正答 **to study**

✔ チェック問題　正答は 90 ページ

( )に適するものの番号を選べ。

(1) An important decision (**1** will be made　**2** will made　**3** will make) tomorrow.

(2) We were (**1** taught to　**2** teach　**3** taught) English by Ms. Smith.

(3) The mountain was (**1** covering　**2** covered by　**3** covered with) snow.

(4) The dog will (**1** be taking care of　**2** be taken care of　**3** take care of) by him.

(5) The boy was (**1** saw　**2** seen　**3** seen to) leave home at night.

71

to 不定詞の 3 つの用法と不定詞を用いたさまざまな構文をきちんと覚えよう。

※ **例 題** ※

次の文の（　）に適するものの番号を選べ。

(1) Would you like to have something（**1** to drink hot　**2** to hot drink　**3** hot to drink）?

(2) It is necessary（**1** for you　**2** of you　**3** to you）to finish your work by five.

(3) Nobody can get her（**1** do　**2** to do　**3** doing）what she doesn't want to do.

(4) （**1** To do　**2** To be done　**3** Doing）him justice, he is not careless as you say.

(5) He was（**1** so kind　**2** such kind　**3** so kindness）as to drive me home.

(6) She didn't run（**1** enough fast　**2** fast enough）to catch the bus.

※ 解説 ※

(1) （訳）何か温かい飲み物はいかがですか。

　　to 不定詞には名詞的用法・形容詞的用法・副詞的用法の 3 つの用法がある。名詞的用法は名詞と同じように，文の中で主語・目的語・補語として用いられ，「～すること」という意味を表す。形容詞的用法は something (hot) to drink のように，名詞の後に不定詞を置き，「～するべき…」という意味を表す。副詞的用法は動詞・形容詞・副詞などを修飾するのに用いられ，目的・結果・原因・理由などを表す。

① 名詞的用法　**To read** books is interesting.

② 形容詞的用法　I have a lot of homework **to do**.

③ 副詞的用法　We went shopping **to buy** some food.　〔目的〕

　　　　　　　He lived **to be** ninety.　〔結果〕

　　　　　　　I am glad **to meet** you.　〔原因・理由〕

　　また，目的の意味をよりはっきり示すために in order to ～ や so as to ～ を用いることもある。

正答 **3**

(2) （訳）あなたは仕事を 5 時までに終わらせる必要がある。

　　〈It ～ for ... to ＋動詞の原形—〉の構文では「…が—するのは～だ」という意味を

表し，for ... の部分が〈to＋動詞の原形─〉の意味上の主語になる。kind や foolish のように人の性格を表す形容詞が「〜」の部分にくると前置詞は of をとる。

It is foolish **of** him to do such a thing. そんなことをするなんて彼は愚かだ。

正答 **1**

(3) (訳)だれも彼女にやりたがらないことをさせることはできない。

「〜させる」を表す動詞の中で，get のほかに force，compel なども to 不定詞を用いる。make や let の場合は to がつかない原形不定詞になるので注意する。

正答 **2**

(4) (訳)公平に言って，彼はあなたが言うような軽率な人ではない。

文中の他の部分から独立して，文全体を修飾する不定詞を独立不定詞という。慣用句になっているものも多いので，しっかり覚えておこう。

to begin with 「まず第一に」 so to speak 「いわば」
strange to say 「奇妙なことに」 needless to say 「言うまでもなく」

正答 **1**

(5) (訳)彼は親切にも私を家まで車で送ってくれた。

so 〜 as to ... は「…するほど〜」の意味を表す。「〜」には副詞か形容詞が入る。名詞が入る場合は so の代わりに such を用いる。

She is not **such** a fool **as to** say that. 彼女はそんなことを言うほど愚かではない。

正答 **1**

(6) (訳)彼女はあまり速く走らなかったのでバスに乗れなかった。

〜 enough to ... で「…するのに十分に〜」という意味を表す。副詞として用いられる場合，enough は形容詞・副詞の後に置く。to 不定詞を伴う表現としては，ほかに too 〜 to ...「あまりに〜なので…できない」などもある。

正答 **2**

✔ チェック問題 正答は 90 ページ

次の文の( )に適するものの番号を選べ。

(1) He got up early （**1** for the sake **2** in the order **3** so as）to take the early train.

(2) It is very kind （**1** of you **2** to you **3** for you）to invite me to dinner.

(3) The weather forced me （**1** put off **2** putting off **3** to put off）the trip.

(4) She can't speak English, （**1** saying **2** to say **3** being said）nothing of French.

(5) He is not （**1** so fooling **2** such a fool **3** such foolish）as to break the rules.

(6) He was （**1** much tired **2** so tired **3** too tired）to do his homework.

分詞と動名詞

to 不定詞と動名詞の使い分けや，現在分詞と過去分詞の違いなど，しっかり覚えよう。

※ 例 題

次の文の（　　）に適するものの番号を選べ。

(1) We enjoyed（ **1** to play　**2** playing　**3** played ）tennis yesterday afternoon.

(2) I remember（ **1** to see　**2** seeing　**3** seen ）her when I was five.

(3) The game was（ **1** exciting　**2** excited ）.

(4) She had her bag（ **1** steal　**2** to steal　**3** stolen ）.

(5) This car needs（ **1** repaired　**2** repairing　**3** to repair ）.

(6) I heard him（ **1** to play　**2** playing　**3** played ）the piano.

(7) I couldn't make myself（ **1** understand　**2** understanding　**3** understood ）
in English.

※ 解説 ※

(1) （訳）私たちは昨日の午後テニスをして楽しんだ。

「～すること」という意味を表す場合，動詞によって，目的語に to 不定詞しか用いることができないもの，動名詞しか用いることができないもの，両方とも用いることができるものがあることに注意。

① to 不定詞のみを用いる動詞：hope, want, wish, decide, expect など

② 動名詞のみを用いる動詞：finish, enjoy, stop, mind, avoid, give up など

③ 両方とも用いることのできる動詞：like, love, begin, start など

正答 **2**

(2) （訳）私は 5 歳のときに彼女に会ったのを覚えている。

remember や forget は目的語に to 不定詞も動名詞も用いるが，それぞれ異なる意味を表す。

remember to ～「～することを覚えておく」，remember ～ing「～したことを覚えている」，forget to ～「～するのを忘れる」，forget ～ing「～したことを忘れる」

正答 **2**

(3) （訳）その試合には興奮した。

次の各語は基本的に，現在分詞の場合は「～させる」，過去分詞の場合は「～させられる」という意味を表す。

exciting「（人を）興奮させる」，excited「（人が）興奮させられた→興奮した」

surprising「(人を)驚かせる」, surprised「(人が)驚かされた→驚いた」
interesting「(人に)興味を持たせる」, interested「(人が)興味を抱かせられる→興味を持つ」

正答 1

(4) (訳)彼女はカバンを盗まれた。

〈have＋O＋動詞の原形〉は「O に～させる」という意味で, O と動詞の原形の間には能動の関係がある。〈have＋O＋過去分詞〉は「O が～される」「O を～してもらう」という意味で, O と過去分詞の間には受動の関係がある。

正答 3

(5) (訳)この車は修理される必要がある。

need や want, require などの目的語に動名詞を用いた場合, 主語と動名詞の間には, 受動の関係があることに注意。不定詞を用いて書き換えると, This car needs to be repaired. と受け身の形をとる。

正答 2

(6) (訳)彼がピアノを弾いているのが聞こえた。

〈hear＋O＋現在分詞〉は「O が～しているのが聞こえる」という意味で, O と現在分詞の間には能動の関係がある。〈hear＋O＋過去分詞〉は「O が～されるのが聞こえる」という意味で, O と過去分詞の間には受動の関係がある。

正答 2

(7) (訳)私の英語は通じなかった。

〈make＋O＋動詞の原形〉は「O に～させる」という意味だが, 〈make＋O＋過去分詞〉は「O を～される状態にする」という意味になる。この場合,「自分自身に理解させる」のではなく,「自分自身を理解してもらう」状態にすることを意味する。

正答 3

✔ チェック問題 ⊞ 正答は 90 ページ

次の文の(　　)に適するものの番号を選べ。

(1) Would you mind (**1** open **2** to open **3** opening) the window?

(2) I will never forget (**1** to visit **2** visiting) London last year.

(3) I found the book (**1** interested **2** interesting).

(4) He had his car (**1** repair **2** repairing **3** repaired).

(5) The room wanted (**1** cleaning **2** to clean **3** cleaned).

(6) I heard my name (**1** call **2** calling **3** called).

(7) She couldn't make herself (**1** heard **2** hearing **3** hear) above the noise.

関係代名詞や関係副詞の用法，制限用法と非制限用法の違いなどに注意しよう。

■ 例 題

次の文が正しければ○をつけ，間違っていれば誤りを訂正せよ。

(1) He is the very man that we've been looking for.
(2) This is how he completed his work.
(3) You can see the building that roof is red.
(4) That's not but I wanted to say.
(5) Give it to whoever wants it.
(6) My uncle, that lives in Paris, came to see me.

■ 解説 ■

(1) (訳)彼はまさに私たちが探していた人だ。

　　関係代名詞の who には，主格(who)，所有格(whose)，目的格(whom)がある。who，whom は人を先行詞にとるが，whose は人とものの両方を先行詞にとることができる。また，主格，目的格の関係代名詞 which はものを，that は人とものの両方を先行詞にとることができる。ただし，先行詞が最上級の形容詞や，the very ～，the last ～ the only ～ などによって修飾される場合はthat が比較的多く用いられる。

正 答 ○

(2) (訳)このようにして彼は仕事を完成させた。

　　関係副詞には where，when，why，how の４つがある。where，when，why はそれぞれ場所・時・理由を表す語を先行詞にとるが，how の場合は先行詞を伴わないで用いられる。また，先行詞が the place，the time，the reason などの場合は，これらはふつう省略される。

正 答 ○

(3) (訳)赤い屋根の建物が見える。

　　関係代名詞が所有の意味を表す場合，所有格の whose を用いる。whose は先行詞が人でもものでも用いることができ，whose の直後には必ず名詞がくる。また，whose の代わりに of which を使って，the building the roof **of which** is red と表すこともできる。

正 答 that → whose または that roof → the roof of which

(4) (訳)それは私が言いたかったことではない。

　　　what は先行詞を含む関係代名詞で,「～するところのもの[こと]」という意味を表す。the thing which と同じだと考えればよい。また, what を用いた表現には what we[you / they] call, what is called「いわゆる」, what is more「その上」などがある。

正答　but → what

(5) (訳)だれでもそれを欲しがっている人にあげなさい。

　　　whoever のように, what, which などに -ever をつけた形のものは複合関係代名詞と呼ばれ, 名詞節や譲歩を表す副詞節を導く働きをする。主格を表す whoever「(～する人は)だれでも」のほかに目的格の whomever もある。

　　Give it to **whomever** you like.　だれにでもあなたの好きな人にそれをあげなさい。

正答　○

(6) (訳)私のおじは, パリに住んでいて, 私に会いにきた。

　　　関係代名詞には, ある特定のものに限定する制限用法と, 関係代名詞の前にカンマを置き, 付加的あるいは挿入的に説明・修飾したりする非制限用法とがある。非制限用法では that は用いられないので注意する。

　① He had an uncle **who** lived in Paris.　〔制限用法〕

　　彼にはパリに住むおじがいた。

　② He had an uncle, **who** lived in Paris.　〔非制限用法〕

　　彼にはおじが1人おり, 彼はパリに住んでいた。

　　　①と②とでは意味が異なる。①ではおじは他にもいるかもしれないことを含意し, ②ではおじは1人しかいないことを意味する。

正答　that → who

✓ チェック問題 ██ 　正答は90ページ

> (　　)に適するものの番号を選べ。
>
> (1) This is the heaviest snow （**1** whose　**2** what　**3** that） I have ever seen.
> (2) I remember the day （**1** which　**2** when　**3** where） he returned.
> (3) Can you see the mountain the top （**1** whose　**2** of which　**3** that） is covered with snow?
> (4) He is （**1** who　**2** which　**3** what） is called a walking dictionary.
> (5) You can do （**1** whoever　**2** however　**3** whatever） you want to do.
> (6) He has a sports car, （**1** which　**2** that　**3** what） was made in Italy.
> (7) I'm looking forward to （**1** that　**2** when　**3** which） it's all over.

接続詞は語と語，句と句，節と節を結ぶ働きをする。

※ 例 題

次の文の（　　　）に適する語を入れよ。

(1) You will miss the last train （　　　） you hurry up.

(2) I walked quietly （　　　） my baby should awake.

(3) I wonder （　　　） he knows something about the festival.

(4) No sooner had he arrived at the airport （　　　） he called his friend.

(5) It will not be long （　　　） my dream comes true.

(6) Young （　　　） he is, he is an efficient accountant.

※ 解説 ※

(1) (訳)急がないと最終電車に間に合わないよ。

unless は「もし～しなければ」という意味で if ～ not と同じ表現。〈命令文 + or〉の文に言い換えられる。

If you do**n't** hurry up, you will miss the last train.

Hurry up, **or** you will miss the last train.

正答 unless

(2) (訳)赤ちゃんが起きないよう私は静かに歩いた。

lest は「～しないように」という否定の目的を表す。lest につく助動詞は should だが，省略されて動詞の原形がくることもある。この表現は文語調で，よりくだけた言い方では so that ～ not や in case ～ などの表現が用いられる。

I walked quietly **so that** my baby would**n't** awake.

正答 lest

(3) (訳)彼はその祭について何か知っているのだろうか。

if[whether] は「～かどうか」という意味を表す名詞節を作るが，if と whether では，いくつか異なる点がある。whether の場合は，主語，補語，目的語として用いることができるが，if の場合は，動詞の目的語としてしか用いることができず，また前置詞の目的語にはできない。また，whether or not という表現は可能だが，if or not という表現はできない。ただし，if ... or not と，if と or not が離れていれば可能。

I don't know **whether** it is true **or not**.

I don't know **whether or not** it is true.

I don't know **if** it is true **or not**.

それが本当かどうか私にはわからない。

| 正答 | **if[whether]** |

(4)　(訳)空港に着くとすぐに彼は友人に電話した。

　　　No sooner 〜 than ... で「〜するとすぐに…する」という意味を表す。Hardly [Scarcely] 〜 when[before] ... も同じ意味で用いられる。従属節の動詞が過去形 (got)，主節の動詞は過去完了形(had arrived)となることに注意する。強調のため副詞が文頭に出ると had は主語の前に置かれ，倒置形になる。

Hardly[**Scarcely**] had he left school **when**[**before**] it began to snow.

学校を出るとすぐに雪が降り始めた。

| 正答 | **than** |

(5)　(訳)もうすぐ私の夢は実現するでしょう。

　　　It will not be long before 〜 で「間もなく〜するだろう」という意味。時を表す副詞節内では，未来のことであっても現在時制となる。

| 正答 | **before** |

(6)　(訳)彼は若いけれども有能な会計士だ。

　　　〈形容詞[名詞・副詞・動詞]＋as[though]＋S＋V〉の形で，「〜だけれども」という譲歩を表す。接続詞が前に出るふつうの形では，Though he is young, 〜 である。文頭に名詞がくる場合は，その名詞には冠詞はつかない。

| 正答 | **as[though]** |

✔ **チェック問題** 　正答は 90 ページ

> 次の文の(　　)に適するものの番号を選べ。
>
> (1)　(**1** If　**2** Unless　**3** But) you don't help us, we can't finish it.
>
> (2)　You must take your umbrella in (**1** lest　**2** case　**3** that) it should rain.
>
> (3)　(**1** Whether　**2** If　**3** Since) he comes or not depends on the weather.
>
> (4)　I had hardly started (**1** than　**2** since　**3** when) it began to rain.
>
> (5)　Please call me when she (**1** comes　**2** will come).
>
> (6)　(**1** Fool　**2** A fool　**3** The fool) as he is, he is loved by everyone.

比 較

比較の基本的な構文だけではなく，比較を用いたイディオムなども覚えていこう。

※ 例 題

次の文の（　　）に適するものの番号を選べ。

(1) No other girl in this class is （ **1** so tall　**2** taller　**3** the tallest ） as she.

(2) She has twice （ **1** more　**2** as　**3** as many ） books as I have.

(3) She prefers summer （ **1** than　**2** better than　**3** to ） winter.

(4) This shirt is （ **1** little　**2** less　**3** least ） expensive than that.

(5) He has little money with him. He has （ **1** no more than　**2** no less than ） a dollar.

(6) We made （ **1** good　**2** the best　**3** better ） of the situation.

※ 解説 ※

(1)　(訳)クラスの中で彼女ほど身長の高い少女はいない。

　　原級を用いて，最上級の意味を表す文。ほかにも最上級の意味を，比較級を用いて表すことができる。

She is **the** tall**est** girl in this class. 〔最上級〕

No other girl in this class is tall**er than** she. 〔比較級〕

　　また，比較級を用いた表現の than の後に〈any other ＋ 単数名詞〉を置いて，「他のどんな〜よりも」という意味を表すことができる。

She is tall**er than any other** girl in this class.

正答 **1**

(2)　(訳)彼女は私の２倍多く本を持っている。

　　倍数は 〜 times as ... as — の形で「—の〜倍…」という意味になる。「２倍」は two times とは言わずに twice と表し，３倍以上で three times, four times のように表す。倍数表現は比較級でも用いることができるが，twice の場合は，比較級を使った文で用いることはできない。

This park is **three times** larg**er than** that one.　この公園はあちらの公園の３倍広い。

正答 **3**

(3)　(訳)彼女は冬より夏の方が好きだ。

　　prefer 〜 to ... で「…よりも〜を好む」という意味を表す。to を用いた比較表現

には senior[junior] to ～「～より年上[年下]である」や superior[inferior] to ～「～より優れている[劣っている]」などがある。

正答 **3**

(4) (訳)このシャツはあのシャツほど高くない。

less は little の比較級で，〈less＋原級＋than〉の形で表す。less の後に置かれた形容詞や副詞が表す程度がより低いことを意味する。not as[so] ～ as とほぼ同じ意味である。

This shirt is **not as[so]** expensive **as** that one.

なお，least は little の最上級。least を用いた表現としては at least「少なくとも」や not ～ in the least「少しも～でない」（＝not at all）などがある。

正答 **2**

(5) (訳)彼はお金をほとんど持っていない。1ドルしか持っていないんだよ。

no more than は「たった～しか」（＝only）という意味を，no less than は「～も」（＝as many[much] as）という意味を表す。また，類似した表現では，not more than「多くて～，せいぜい」（＝at most），not less than「少なくとも～」（＝at least）などがある。

正答 **1**

(6) (訳)私たちはその状況を最大限に利用した。

make the best of ～ で「（困難な状況を）最大限に活用する」という意味を表す。類似した表現で，make the most of ～ は「（有利な条件を）最大限に利用する」という意味になる。また，best を用いた表現では，at best「よくても，せいぜい」や，to the best of ～「～の限りでは」などがある。

正答 **2**

✔ チェック問題 　正答は 90 ページ

次の文の（　　）に適するものの番号を選べ。

(1) Susan is （ **1** beautiful 　 **2** more beautiful 　 **3** the most beautiful ） than any other girl in this town.

(2) She earned twice as （ **1** much 　 **2** many 　 **3** more ） money as I did.

(3) My mother is superior （ **1** to 　 **2** than ） me in English.

(4) It doesn't matter in （ **1** little 　 **2** less 　 **3** the least ） whether he comes or not.

(5) They are very rich. They own （ **1** not more than 　 **2** not less than ） seven houses.

(6) She made the （ **1** best 　 **2** most 　 **3** worst ） of her ability.

仮定法過去や過去完了，if を用いない仮定法などのさまざまな形をしっかり覚えよう。

例 題

次の文の（　　）に適するものの番号を選べ。

(1) If I (**1** be **2** am **3** were) in your place, I would not do such a thing.

(2) If it had been fine yesterday, we could (**1** go **2** have gone **3** had gone) on a picnic.

(3) I wish she (**1** be **2** is **3** were) here.

(4) But (**1** if **2** for **3** of) your help, I would fail.

(5) (**1** Were **2** If **3** If were) I you, I would give up smoking.

(6) If you were (**1** for **2** to **3** been) get a million yen, what would you do?

(7) If anything (**1** should **2** will **3** would) happen to you, please let me know.

解説

(1) (訳) もし私があなたの立場ならそんなことはしないだろう。

　　仮定法過去を用いて，現在の事実と反対のことを仮定として表す。この場合，if 節の動詞は過去形を用い，帰結節では過去形の助動詞（would, could, should, might）などを用いる。if 節で be 動詞を用いる場合は，主語が何であっても were を用いることができる。　　　　　　　　　　　　　　　　　　　　**正答 3**

(2) (訳) 昨日晴れていれば，ピクニックに出かけただろうに。

　　仮定法過去完了を用いて，過去の事実と反対のことを仮定として表す。この場合，if 節の動詞は過去完了を用い，帰結節は〈助動詞の過去形＋have＋動詞の過去分詞〉となる。場合によっては，if 節が過去のこと，帰結節が現在のことを述べることもあるので，時制の関係に注意する。

If you **had been** more diligent, you **would be** a success now.
もっと勤勉だったら，今頃は成功しているだろうに。　　　　　　　　**正答 2**

(3) (訳) 彼女がここにいてくれたらなあ。

　　wish を用いて，「〜であればなあ」という「願望」を表す場合，現在の事実と反対の願望なら仮定法過去を，過去の事実と反対の願望なら仮定法過去完了を用いる。

I wish I **had married** another man.　他の男と結婚すればよかった。　　**正答 3**

(4) (訳)もしあなたの手助けがなければ，私は失敗するだろう。

　　if を用いないで「～がなければ」という意味を表す場合, but for ～ や without ～ を用いることができる。if 節を用いる場合，現在の事実と反対の場合は If it were not for ～ で，過去の事実と反対の場合は If it had not been for ～ で表すこともできる。

If it were not for your help, I would fail.
If it had not been for your help, I would have failed.
もしあなたの手助けがなかったら，私は失敗していただろう。

正答 **2**

(5) (訳)私があなたなら，タバコをやめるのに。

　　if を省略して仮定を表すこともできる。その場合，〈were[had/should] ＋主語〉の語順になる。ただし，if が省略できるのは，were, had, should が倒置されて主語の前に出る場合のみ。

正答 **1**

(6) (訳)仮に 100 万円手に入ったら，どうしますか。

　　〈if＋主語＋were to＋動詞の原形〉で，「仮に～としたら」という実現の可能性が乏しい未来に関する仮定を表す。これは，まったく実現の可能性のない場合にも，実現の可能性がほんの少しでもある場合にも用いられる。

正答 **2**

(7) (訳)万一何か起こった場合は，私に知らせてください。

　　if 節に should を用いた場合も，実現の可能性が乏しい未来に関する仮定を表す。「万一～ならば」という意味で，話し手が，起こるかどうかわからないがほんの少しは実現の可能性があると思っている場合に用いる。

正答 **1**

✔ チェック問題　　正答は 90 ページ

次の文の（　）に適するものの番号を選べ。

(1) She（**1** can　**2** could　**3** had ）come with us if she were not sick.
(2) If you hadn't had lunch, you'd（**1** be　**2** have been　**3** have had ）hungry now.
(3) I wish I（**1** can　**2** could　**3** had ）swim well.
(4) （**1** Without　**2** With　**3** For ）water, we can't live.
(5) （**1** Have　**2** Had　**3** Were ）I known his address, I would have written to him.
(6) （**1** Had　**2** Were　**3** Should ）I to be young again, I would be a baseball player.
(7) （**1** Should　**2** Would　**3** Could ）there be a great earthquake, we might be killed.

テーマ13

分詞構文

分詞が動詞と接続詞の働きを兼ね，副詞節と同じ意味を表す形式を分詞構文という。

例 題

次の各組の英文がほぼ同じ意味になるように，（　　　）に適語を入れよ。

(1) When she saw me, she ran away.

　　（　　　　）me, she ran away.

(2) As it is fine, I'll go out for a walk.

　　（　　　）（　　　　）fine, I'll go out for a walk.

(3) Because she didn't know what to say, she remained silent.

　　（　　　）（　　　　）what to say, she remained silent.

(4) If it is seen from here, it looks like a cat.

　　（　　　　）from here, it looks like a cat.

(5) Because I had seen her before, I recognized her at once.

　　（　　　）（　　　　）her before, I recognized her at once.

(6) The train starts at seven, and arrives in Osaka at ten.

　　The train starts at seven,（　　　　）in Osaka at ten.

解説

(1) （訳）私を見ると，彼女は逃げ出した。

　　副詞節を分詞構文に書き換える場合，次のような手順で行う。

① 接続詞をとる。

② 主節と主語が同じ場合は，副詞節の主語をとる。

③ 副詞節の動詞を分詞の形に変える。

　　分詞構文は文語的な表現に多く，時，原因・理由，付帯状況，条件，譲歩などの意味を表す。

正答 **Seeing**

(2) （訳）天気がよいので，私は散歩に出かけるつもりだ。

　　副詞節と主節の主語が異なる場合，副詞節の主語を残したまま，動詞を分詞の形に変える。このように，意味上の主語を表した分詞構文を「独立分詞構文」という。これはきわめて文語的な表現で，口語的な表現では使われない。

正答 **It being**

(3) (訳)何を言うべきかわからなかったので，彼女は黙ったままでいた。

副詞節が否定形になっている場合は，分詞の前に not を置く。

正答 Not knowing

(4) (訳)ここから見ると，それは猫のように見える。

分詞構文が受け身の動作や状態を表す場合は，受動態の分詞〈being＋過去分詞〉を用いるが，being は省略されることが多い。

正答 Seen

(5) (訳)以前会ったことがあるので，私はすぐに彼女とわかった。

副詞節が主節よりも前の時を表す場合，完了形の分詞構文〈having＋過去分詞〉を用いる。

正答 Having seen

(6) (訳)その列車は 7 時に出発し，10 時に大阪に到着する。

接続詞 and を使って，動作や出来事の連続を表す場合，分詞構文を用いて書き換えることができる。この場合，先に起こる動作や出来事が前にきて，意味上軽い方が分詞構文になる。この文の場合，「出発する」方を重視した言い方である。

正答 arriving

✔ チェック問題　正答は 90 ページ

次の各組の英文がほぼ同じ意味になるように，（　　）に適語を入れよ。

(1) When I was walking along the street, I met a friend of mine.

（　　　） along the street, I met a friend of mine.

(2) As it was rainy, I stayed home.

（　　　）（　　　） rainy, I stayed home.

(3) Because I don't know his address, I cannot write to him.

（　　　）（　　　） his address, I cannot write to him.

(4) As it is written in simple English, this book is easy to read.

（　　　） in simple English, this book is easy to read.

(5) After he had had breakfast, he left home.

（　　　）（　　　） breakfast, he left home.

(6) She entered the room, and turned on the light.

（　　　） the room,（　　　）（　　　） on the light.

▨ 例 題

次の各組の英文がほぼ同じ意味になるように，（　　）に適語を入れよ。

(1) Because of illness, I could not come to school.

Illness （　　　） me （　　　） coming to school.

(2) Thanks to her help, we could finish the work.

Her help （　　　） us （　　　） finish the work.

(3) If you walk for a few minutes, you will arrive at the hospital.

A few minutes' walk will （　　　） you （　　　） the hospital.

(4) She spoke English fluently.

She spoke English （　　　）（　　　）.

(5) This machine is very useful.

This machine is （　　　） great （　　　）.

▨ 解説 ▨

(1) （訳）病気のせいで，私は学校に行けなかった。

原因・理由，方法・手段，条件などとなる無生物の名詞や抽象名詞を主語に用いた文を「無生物主語構文」という。無生物主語構文を直訳すると不自然な日本語になることがあるので注意しよう。

prevent O from ～ で「Oが～するのを妨げる」という意味。訳す場合，主語が原因と考えて，「…のせいでOが～することができない」と訳すと，より自然な日本語になる。なお prevent のほかにも，keep や stop を使ってもよい。

正答 **prevented[kept/stopped], from**

(2) （訳）彼女が手伝ってくれたおかげで，私たちはその仕事を終わらせることができた。

無生物主語を用いた文。enable O to ～ で「Oが～するのを可能にする」という意味。この場合は，「…のおかげでOは～することができる」と訳すと，より自然な日本語になる。他の類似した表現では，cause O to ～「Oに～させる」は「…のせいでOは～する」，force O to ～「Oに無理に～させる」は「…のせいでOは～しなければならない」と訳せば，より自然な日本語にできる。

正答 **enabled, to**

(3) (訳) 2，3分歩けば，病院に着きますよ。

　　無生物主語を用いた構文。take O to ～ で「O を～へ連れていく」という意味。ここでは，walk を動詞として考え，主語を条件節と考えて「もし…すれば」と訳せば，より自然な日本語になる。ほかにも bring O to ～「O を～へ連れてくる，～にもたらす」という表現もある。

正答	take, to

(4) (訳) 彼女は流暢に英語を話した。

　　〈with＋抽象名詞〉が副詞の働きをする。抽象名詞とその副詞の形をしっかり覚えておこう。

with care (＝carefully)，with ease (＝easily)，with patience (＝patiently) など。

　　very fluently というように，副詞に very がついている場合，with **great** fluency と書き換えることができる。

正答	with fluency

(5) (訳) この機械はとても役に立つ。

　　〈of＋抽象名詞〉が形容詞の働きをする。抽象名詞とその形容詞形をしっかり覚えよう。

of use (＝useful)，of help (＝helpful)，of importance (＝important) など。

　　形容詞に not がついている場合は，of **no** use と書き換えることができる。

正答	of, use

✓ チェック問題 ▦▦ 正答は 90 ページ

次の各組の英文がほぼ同じ意味になるように，(　　)に適語を入れよ。
(1) Because of the storm, the ship couldn't leave port.
　　The storm (　　　) the ship from (　　　) port.
(2) Because it was raining, we stayed home.
　　The rain (　　　) us (　　　) stay home.
(3) Because of the accident, his life was changed.
　　The accident (　　　) a change (　　　) his life.
(4) You must drive carefully.
　　You must drive (　　　)(　　　).
(5) This painting is not valuable.
　　This painting is (　　　)(　　　)(　　　).

過去問演習

　テーマ1からテーマ14で学習したことをふまえて，実際の試験問題にチャレンジ
してみよう。

■〔例　題 1〕

Select the sentence which is grammatically correct. 【平成 26 年度・国家一般職（専門）】

1 Economics are the study of the production, distribution, and consumption of
goods and services.

2 Paul helped carry my three baggages up to the fourth floor.

3 We must devise a means of identifying potential weaknesses.

4 My living room has too many furnitures so it is hard to walk around.

5 The office requested that I itemize much equipments we purchased.

《 単語 & イディオム 》

□ devise 考案する	□ itemize 〜の明細を記す

※ 解説 ※

　いずれも，名詞の単数・複数の扱いと可算・不可算の見きわめが鍵となる。

1　economics は「経済学」の意味で用いられる場合は単数扱い，「経済状態」の意
味で用いられる場合は複数扱いになる。英文の補語部分（the study 以下）は「〜
の学問」という意味になるので，ここでの economics は「経済学」を意味してい
ることがわかる。よって be 動詞の are は誤りで，is が正しい。

（正した英文の訳）経済学とはモノやサービスの生産，流通，消費に関する学問で
ある。

2　baggage「荷物」は不可算名詞なので，three baggages は誤り。正しくは，three
pieces of baggage となる。

（正した英文の訳）ポールは私の荷物3個を4階まで運ぶのを手伝ってくれた。

3　正しい英文。means「手段」は単複同形の可算名詞であるため，冠詞に a が用い
られることは誤りではない。

（訳）私たちは，潜在的な弱点を特定する方法を考え出さなくてはならない。

4　furniture は集合的に「家具」を表す不可算名詞。よって many furnitures は誤りで，
much furniture，または many pieces of furniture が正しい。

（正した英文の訳）私の居間には家具がたくさんありすぎて，歩き回りづらい。

5 equipment は集合的に「備品」を表す不可算名詞であるため，複数形をとることはない。よって epuipments は誤り。

（正した英文の訳）我々が購入したたくさんの備品の明細を記載するよう，会社は私に頼んだ。

正答 **3**

■ 例 題 2

次の英文の空所 A ～ E に，**1**～**5**の語句を 1 つずつ入れて文を完成させたとき，空所 C に当てはまる語句として，最も妥当なのはどれか。【平成 25 年度・警視庁】

Of （　A　）the collective identities in （　B　）human beings （　C　）today, national identity is perhaps the （　D　）fundamental （　E　）inclusive.

1　all
2　and
3　most
4　share
5　which

※ 解説 ※

はじめに英文全体の構造を把握する。national identity が主語，is が動詞となっていることがわかるので，the 以下が補語，文前半は副詞句であることが読み取れる。

(E)：補語にあたる fundamental「基礎的な」と inclusive「包括的な」はともに形容詞であり，この 2 語をつなぐものとして接続詞 and が適切である。

(D)：前後に the と形容詞があることから，最上級を表す most が入る。

(A)：(D) に most が入ることにより，英文は〈最上級 + of ～〉「～の中で最も…」の of 以下が前に出た形であると推察できる。したがって Of all ～「すべての～の中で」と考えるのが妥当。

(C)：名詞 human beings と副詞 today の間にある空所なので，動詞 share が入る。

(B)：空所は前置詞と名詞の間にあるため，文法的には形容詞か関係代名詞に絞られる。(C) に share が入ることにより直後に SV が続き，関係代名詞節を形成すると推測できる。share in ～「～を共にする，分かち合う」の目的語を先行詞として，〈前置詞 + 関係代名詞〉が前に出た形。先行詞は all the collective identities。よって，この空所には which が入る。

(訳) 今日人間が分かち合うあらゆる集団的アイデンティティの中で，おそらく国家的アイデンティティが最も根本的で包括的であろう。

正答 **4**

●チェック問題解答●

テーマ 1	p.61	(1) **1** (2) **1** (3) **2** (4) **1** (5) **2** (6) **2** (7) **2**
テーマ 2	p.63	(1) **2** (2) **2** (3) **3** (4) **1** (5) **3** (6) **1** (7) **3**
		注：(6) audience「観客」は集合名詞
テーマ 3	p.65	(1) They elected Mr. Harris chairman of the committee　第5文型
		(2) David buys his wife a ring　第4文型
		(3) She has become popular among young people　第2文型
		(4) There is an apple on the table　第1文型
		(5) I met Ms. Suzuki near the station　第3文型
テーマ 4	p.67	(1) **2** (2) **1** (3) **2** (4) **2** (5) **1** (6) **2**
		注：(4) die「死ぬ」は推移を，be dead「死んでいる」は状態を表す
テーマ 5	p.69	(1) to → too　(2) may he → he may　(3) been solved → solved
		(4) goes →(should) go　(5) use → used
		(6) not to remain → not remain
		(7) don't you → shall we
テーマ 6	p.71	(1) **1** (2) **3** (3) **3** (4) **2** (5) **3**
		注：(3) be covered with ～「～に覆われている」
テーマ 7	p.73	(1) **3** (2) **1** (3) **3** (4) **2** (5) **2** (6) **3**
		注：(4) to say nothing of ～「～は言うまでもなく」
テーマ 8	p.75	(1) **3** (2) **2** (3) **2** (4) **3** (5) **1** (6) **3** (7) **1**
テーマ 9	p.77	(1) **3** (2) **2** (3) **2** (4) **3** (5) **3** (6) **1** (7) **2**
テーマ 10	p.79	(1) **1** (2) **2** (3) **1** (4) **3** (5) **1** (6) **1**
テーマ 11	p.81	(1) **2** (2) **1** (3) **1** (4) **3** (5) **2** (6) **2**
テーマ 12	p.83	(1) **2** (2) **1** (3) **2** (4) **1** (5) **2** (6) **2** (7) **1**
テーマ 13	p.85	(1) Walking　(2) It being　(3) Not knowing　(4) Written
		(5) Having had[After having]　(6) Entering, she turned
テーマ 14	p.87	(1) prevented[kept / stopped], leaving　(2) caused, to
		(3) brought, to　(4) with care　(5) of no value

過去問で学ぶ短文読解

テーマ1
代名詞の読み取り

代名詞が表しているものは，常に直前にある名詞から探していくのが原則。単数か複数か，ものか人か，男か女かを手がかりに，その代名詞に近いところからさかのぼって探すとよい。登場人物が錯綜している文では，だれの視点を中心に書かれているかを見失わないこと。

例題 1

People's fertility behaviour changes as things around them change — particularly the position of women.

（全　訳）

人々の生殖行動は，人々を取り巻く物事，特に女性の地位の変化に応じて変化する。

（読解のカギ）

them がさすものとして考えられる複数名詞は直前までに things と people の2つあるが，around them で things を直接修飾しているのだから，them がさすのは things ではなく people の方である。よって things around them で「人々を取り巻く物事」という意味になる。

（単語＆イディオム）

☐ fertility　肥沃，繁殖	☐ behavio(u)r　動作，行動，生態

例題 2

On March 15, 1960, an 18-year-old German girl and her younger brother boarded a train at Wittenberg, East Germany to escape East German Communism for the West. But the police were patrolling and the girl, convinced they could not make it together, pushed the boy off the train as it started to move.

（全　訳）

1960年3月15日，18歳のドイツ人の少女とその弟が東ドイツのウィッテンベルクで汽車に乗った。東ドイツの共産主義を逃れて西ドイツへ行こうとしたのである。しかし警察が見回っていたので，少女は2人で逃げるのは無理だと判断して，汽車が動き始めたとき少年を車外に突き落とした。

convinced は分詞構文になっており，意味上の主語は the girl。they は the girl と the boy をさしている。1つ目の it は，漠然と目標をさしており，make it together で「いっしょに成功する」という意味。2つ目の it は直前にある the train をさす。

《 単語＆イディオム 》

☐ communism　共産主義	☐ make it　うまくやる，成功する
☐ convince　確信させる	☐ push ～ off　～を押し出す

例 題 3

Newspapers keep up a steady drum-beat about the "Decline of a Super Star", the title of a new book. The author, Gabor Steingart, does not want it to be another piece of self-hatred, but he argues that Germany's history since 1945 has been a big mistake and that the country needs to be refounded.

《 全 訳 》

　新聞は相変わらず，『スーパースターの凋落』(新刊書のタイトル)の喧伝を続けている。著者のガボール・シュタインガルト氏は，自著が世にある自己嫌悪の本の1冊になることを望んでいないが，1945年以来のドイツの歴史は大きな間違いである，ドイツは再び建国される必要があると主張している。

《 読解のカギ 》

　新刊書のタイトルが出ており，その後に著者の名前が出ているので，it は自分が書いた本をさしていることがわかる。it は，場面によっては漠然とした状況などをさすこともあってとらえにくいが，まずは具体的なものをさしていないかを検討するべき。文学などの作品を数える単位の piece も手がかりになる。

《 単語＆イディオム 》

☐ keep up　～を続ける	☐ decline　堕落，衰弱，下落
☐ drum-beat　繰り返して叩き込むこと	☐ self-hatred　自己嫌悪

PART3 テーマ2
過去問で学ぶ短文読解

前置詞の読み取り

前置詞はイディオムを形成したり，構文の一部となったりすることで特定の意味を持つことが多い。それぞれの前置詞が本来持っている基本的な意味やニュアンスをイメージとしてつかんでおくことが必要だろう。

例題 1

Certain margarines, which contain cholesterol-blocking plant compounds called sterols, have been shown to lower LDL by 7 percent to 14 percent if used in small amounts (a pat on a piece of bread) several times every day in combination with good eating habits.

《全 訳》

　ステロールと呼ばれるコレステロールを抑える植物性化合物を含むあるマーガリンは，よい食習慣の中で日に数枚のパンに塗るような少量を摂取するだけなら，LDL（いわゆる「悪玉」コレステロール）値を 7%から 14% だけ 下げる。

《読解のカギ》

　by は，「〜だけ」と差異を表す。1つ目の in は，数量・単位を表し，「〜（単位）で」という意味になる。in small amounts で「少し」という意味。2つ目の in は，in combination with 〜で「〜と組み合わせると」という意味のイディオムの一部。

《単語＆イディオム》

□ lower　〜を減らす	□ combination　組み合わせ
□ amount　量	

例題 2

The crab crisis pits an industry against scientists in a battle reminiscent of the debate over global warming.

《全 訳》

　カニ危機は，産業界と科学者を，地球温暖化についての論争を想起させる争いに陥れている。

《読解のカギ》

　against と of は，それぞれ動詞，形容詞との組み合わせでイディオムを作っている。

94

in は「〜の中に」, over は「関連」を表し, 「〜について, 〜をめぐって」の意味。

《 **単語＆イディオム** 》

☐ pit 〜 against ...　〜を…と闘わせる	☐ global warming　地球温暖化
☐ reminiscent of 〜　〜を思い出させる	

例　題　**3**

But a new study suggests that loading up on E — and other so-called antioxidants, including vitamin C — does little or nothing to prevent future heart attacks or strokes in patients with coronary disease.

《 **全　訳** 》

　しかし, 最近の研究ではビタミンE—そしてビタミンC も含めたその他のいわゆる抗酸化物質—を充填しても, 冠動脈疾患の患者にとってはさらなる心臓発作を防ぐ効果はほとんどもしくはまったくないことが示唆されている。

《 **読解のカギ** 》

　on は「動作の対象」を表す。including は「〜を含めて」という意味。〜 including ... で「…を含む〜」という意味になる。in は「状況, 条件」を表し, with は「〜を持った」の意味。

《 **単語＆イディオム** 》

☐ load up　〜を乗せる, 充填する	☐ heart attack[stroke]　心臓発作
☐ antioxidant　抗酸化(物質)	☐ coronary　冠状動脈

時制の読み取り

話の中心となる時制(多くの場合は過去形)を軸として，それより前，後，複数の出来事の順番などを意識して読むことが重要である。仮定法など助動詞が鍵となる時制にも注意しよう。

例 題 1

She could have been justifiably satisfied to have achieved the rank of Rear Admiral, only the second woman to attain this prestigious position.

全 訳

彼女は，女性ではわずか2人目の名誉職である，海軍少将に昇級したことに満足していてもおかしくはなかった。

読解のカギ

仮定法の一種。「～できたのに(実際はしなかった)」という意味を表す。be satisfied to do で「～することに満足する」という意味だが，〈to + have + 過去分詞〉になると過去に起こったことについて「～したことに満足する」という意味になる。

単語 & イディオム

☐ justifiably　当然に	☐ prestigious　名声のある
☐ Rear Admiral　海軍少将	

例 題 2

There are now few people alive with even a partially reliable knowledge of our lives as they really were.

全 訳

私たちのありのままの人生について，部分的にであれ正確に知っている人は今ではほとんど存命していない。

読解のカギ

文全体は現在形だが，as ～は they が our lives をさし「私たちの人生をかつての姿のままに」と過去を表す。

(例) He is different from what he was.　彼はかつての彼とは違っている。

☐ partially　部分的に	☐ reliable　信頼できる，確実な

例 題 3

Then I would have no consciousness of time at all, until I began to have difficulty seeing what I was doing, and realized that evening had come.

《全　訳》

　そのようなとき私は，しまいに自分のやっていることが見えにくくなり始め，夕方になったことに気づくまでは時間の意識をまったく持たなかった。

《読解のカギ》

　初めの would は「過去の習慣・習性」を表し，「よく〜したものだった」という意味になる。文全体は過去形であり，was doing は過去進行形なのでそのとき起こっていたことを，had come は過去完了なのでそのとき以前に起こったことを表す。

《単語＆イディオム》

☐ consciousness　意識	

倒置の読み取り

> 倒置とは，本来の語順を変えてあるもので，文法上の理由からのものと，ある語句を強調するために用いられるものがある。本来の語順の文と比べて意味合いの違いを感じ取ることが必要である。

例題 1

Of the fruits of the year I give my vote to the orange. Of the virtues of the orange I have not room fully to speak.

《全 訳》

年間最優秀果物として，私はオレンジに一票を投ずる。オレンジの長所については，ここでは語り尽くせない。

《読解のカギ》

倒置は主語と動詞の語順が入れ替わったものが多いが，目的語や修飾語句などが強調のために前に出されたものもある。例文は，I give my vote of the fruits of the year to the orange. I have not room fully to speak of the virtues of the orange. が本来の語順。「年間最優秀果物」と「オレンジの長所」という語句を強調していることと，Of the 〜 of the ... という 2 つの部分が韻を踏んでいる技巧的な文である点に注目。

《単語＆イディオム》

□ give a vote to 〜　〜に投票する	□ room to 〜　〜する余地
□ virtue　美徳，長所	

例題 2

In the United States, by contrast, the movement is all the other way. There, education reform questions whether the hurly-burly of American schools adequately equips children for the challenges of adult life.

《 全　訳 》

　それに比べてアメリカではその活動はまったく違う方法である。教育の改善は，混迷するアメリカの学校は子どもが大人の生活に挑戦するために十分に準備しているかどうかを問うている。

《 読解のカギ 》

　この例文の前には，アジアの学校教育の現状が述べられており，それに比べて In the United States「アメリカでは」という句が，強調的に前に出されている。次の There も，「そこ（アメリカ）では」が同様に前に出ている。このように，比較対照をして述べるときに，異なる記述の部分が倒置されることが多い。

《 単語＆イディオム 》

☐ by contrast　対照的に	☐ hurly-burly　大騒ぎ

関係詞の読み取り

関係詞を用いた文は長く，複雑になるため，読みにくく感じられるかもしれない。先行詞は何か，関係詞の導く節はどこまでなのか，また意味がどのようにつながっていくのか，ということに注意しながら読んでいこう。

例題 1

I think we need facilities where adults can play with their children, and grow with them.

全 訳

大人が子どもとともに遊べて，子どもとともに成長できるような施設が必要であると思う。

読解のカギ

関係副詞 where は場所を表す語が先行詞の場合に用いる。この文では，先行詞は facilities になる。where は関係節の中で場所を表す副詞の役割をしているので，関係代名詞を用いて「前置詞 ＋ which」で表すことができる。この場合，in which となる。

単語 & イディオム

□ facility　設備，施設	

例題 2

The greatest biolinguistic diversity is found in areas inhabited by indigenous peoples, who represent around 4 percent of the world's population, but speak at least 60 percent of the world's languages.

全 訳

生物言語的多様性の中で最大のものは先住民族が住んでいる地域において見られ，彼らは世界の人口のおよそ 4 パーセントに相当するのだが，世界の言語の少なくとも 60 パーセントを話している。

読解のカギ

主格の関係代名詞 who を用いた文で，先行詞は indigenous peoples になる。前にカンマを置いた関係代名詞の非制限用法で，関係代名詞の導く節は先行詞に補足的な意味を加えている。いったん先行詞の部分まで読んでから，who を「彼らは」として関係代名詞以下を読むとよい。who が導く節は represent 〜 と but speak 〜の 2

つの部分になることにも注意。

《 単語＆イディオム 》

□ biolinguistic diversity　生物言語的多様性	□ indigenous peoples　先住民族

例 題 3

Later, the ethologists were joined by psychologists and philosophers in research into the minds of animals, which has come to be known as cognitive ethology.

《 全 訳 》

　後に，動物行動学者に心理学者や哲学者が加わって動物の心理についての研究がなされ，それは認知動物行動学として知られるようになった。

《 読解のカギ 》

　直前にカンマを置いた非制限用法の which は，直前の名詞や名詞句だけではなく，直前の文の内容などを先行詞にすることがある。この場合も，which の先行詞は the minds of animals ではなく，直前の文の内容全体となる。which の前の名詞が複数形になっているが，which の後の動詞は has と三人称単数になっていることにも注意。いったん animals まで読んでから，which を「それは」として関係代名詞以下を読むとよい。

《 単語＆イディオム 》

□ ethologist　動物行動学者	□ philosopher　哲学者
□ psychologist　心理学者	□ cognitive ethology　認知動物行動学

テーマ6
接続詞の読み取り

　接続詞は，文と文をつなぐ役割をするが，順接・逆接・譲歩・条件などその意味合いをきちんと理解していないと，文章全体の論旨を読み違える原因ともなりかねない。逆に，接続詞の役割を押さえれば，単語など細かい点に不安があっても自信をもって読み進めるので，読解には大切なポイントとなるということを意識しておこう。

例 題 1

Even though I realize that nothing can be done about this, I am not comfortable when I see Americans go to other countries and live just the way they do in America and assume that everybody speaks English.

《全　訳》

　たとえ，これについて何もなす術がないとわかっていても，アメリカ人が他国でもアメリカでの生活様式を維持し，みんなが英語を話すのは当然だという態度を見るのは，気持ちのよいものではない。

《読解のカギ》

　even though は「たとえ～でも」という意味を表す。例文では，Even though I realize ～ this,「たとえ～とわかっていても」が譲歩の副詞節となって I am not comfortable ～「私は～心地よく思わない」につながる。

《単語＆イディオム》

□ assume　～を想定する	

例 題 2

The ideal openness regime would have governments publishing so much that the formal request for specific information would become almost unnecessary.

《全　訳》

　理想的な開かれた政体というのは，特定の情報についての公式開示要求がほとんど必要なくなるほど多くの発表を行う政府を持っているものであろう。

《読解のカギ》

　so ～ that ... は「非常に～なので…」という意味で，結果を表す副詞節を導く役割をする。so ～ が「理由，原因」，that ... が「結果」を表している。例文では「非常

に多くのものを発表するので」が「理由」,「公式開示要求がほとんど必要ない」が「結果」に当たる。

《 単語＆イディオム 》

☐ regime　政体	☐ specific　特定の

例 題 3

"Only a computer would find and play something like that," Kramnik said later. "I was completely shocked."
　The Fritz team was more than a little embarrassed, however, when their brainchild in move 12 returned its bishop to its original square.

《 全 訳 》

「あんなふうに考えて（チェスを）指せるのはコンピュータだけでしょう」と後にクラムニクは語った。「実にショックでしたよ。」
　とはいえ，フリッツのチームは，彼らの頭脳の産物が 12 手目においてビショップをもとの場所に戻してしまったときにはかなり当惑した。

《 読解のカギ 》

however は本来副詞だが，接続詞と同様文と文をつなぐ働きをする。例文では,「クラムニクがショックを受けた」ことと「フリッツのチームがかなり当惑した」ことが，「しかしながら」という反意的な意味合いでつながれている。

《 単語＆イディオム 》

☐ embarrass　当惑させる	☐ brainchild　頭脳の産物

テーマ7
形式主語の読み取り

形式主語とは，いわゆる it 〜 to[that] … などの形をした構文で，長い主語を後に置き，it を使ってその主語の説明や主語に対する判断を先に述べるもの。主語の範囲を見極めて読むことが重要になる。

例 題 1

It is very difficult to compare the importance of immigration in different recipient or host countries since their statistics are not based on common definitions.

（全 訳）

さまざまな受け入れ側の国，つまりホスト国における移民の重要性を比較することは，各国の統計が共通の定義に基づいていないため非常に困難である。

（読解のカギ）

真の主語は，to compare … immigration「移民の重要性を比較すること」。これに in different … countries「さまざまな受け入れ国すなわちホスト国において」が修飾語句として続いている。since 以下は別の節で「理由」を表している。

（単語＆イディオム）

□ recipient　受け入れる人，受領者	□ definition　定義
□ statistic　統計	

例 題 2

But it is generally agreed that the creatures that prompted the mermaid legend are real enough : the sea cows.

（全 訳）

しかし，人魚伝説のきっかけとなった生物が現に存在している海牛（ジュゴン）であるということは，一般的に認められている。

（読解のカギ）

it は that 以下の内容を表す形式主語。「…ということは〜である」という訳し方をする。it 〜 that … は「…なのは〜だ」という強調構文と紛らわしいことがある。見分け方は，it と that を取り払って語順を整えると文が成立すれば強調構文。

（例）It was a sea cow that they saw at the shore.（強調構文）

彼らが海岸で見たのはジュゴンだった。← They saw a sea cow at the shore.

It is natural that they thought it was a mermaid.（形式主語構文）

彼らがそれを人魚だと思ったのは無理のないことだ。

《 単語＆イディオム 》

☐ prompt　〜を引き起こす	☐ sea cow　海牛(ジュゴン[マナティー])

例 題 3

It is too early to say whether fMRI could provide a reliable diagnosis of PTSD.

《 全 訳 》

fMRI が PTSD について信頼すべき診断を提供できると言うのは早計であろう。

《 読解のカギ 》

It は whether 以下をさす。whether 〜 PTSD は「PTSD について信頼すべき診断を提供できるかどうか」という意味。前半は too 〜 to ... の形になっているため「早すぎて言えない」と訳すことができる。

《 単語＆イディオム 》

☐ fMRI　機能的磁気共鳴画像 ☐ diagnosis　診断	☐ PTSD　心的外傷後ストレス障害

分詞構文とは，分詞が動詞と接続詞の働きをする文の形をいう。主語・時制・表している意味を，その形から判断するには，ある程度慣れが必要。いくつかの文を読みながら，分詞構文が好まれるパターンを読み取っていこう。

例 題 1

The experts' verdict: split down the middle, with the now embattled Culture Minister Giovanna Melandri and Brambilla celebrating the brighter, fresher Leonardo, and a bevy of foreign critics saying that any connection to da Vinci's handwork had been forfeited to "an original Brambilla."

《 全 訳 》

専門家たちの評価は真っ二つである。現文化省大臣であるジョヴァンナ・メランドリとブランビラは，輝きを増し，いきいきとよみがえったレオナルドを祝した。一方で，外国の批評家の一群は，「ダ・ヴィンチの作品に通ずるあらゆる道は絶たれ，"ブランビラの作品"におとしめられてしまった」と酷評している。

《 読解のカギ 》

with ... ～ ing は一種の分詞構文で，「…が～している状態で」という意味になる。例文は，「メランドリとブランビラが」「祝している」また「外国の批評家の一群が」「…と言っている」状態で，「専門家の意見が割れている」という構造になっている。

《 単語 & イディオム 》

□ verdict　意見，判断	□ forfeit　（名誉などを）失う
□ bevy　群れ，一団	

例 題 2

If living standards are not to fall, the countries of the European Union <u>may have to</u> <u>allow</u> a 60-fold rise in immigration, <mark>feeding</mark> rightwing protests and <mark>causing</mark> additional damage to fragile race relations.

《 全 訳 》

　生活水準を落とさないようにするには，EU 加盟国は 60 倍の移民の増加を<u>認めね</u><u>ばならず</u>，右翼の抗議に<mark>油を注ぎ</mark>，（ただでさえ）もろい民族関係にさらなるダメージを<mark>与える</mark>ことになる。

《 読解のカギ 》

　後半部分，feeding 〜 and causing ... は，前半の動詞とほぼ同時に起こること，またはこれに続くことを表す。訳の上では「〜して…する」「〜と同時に…となる」のようになる。この文では may が分詞になっている動詞にもかかり，may feed 〜，and may cause ... と考えて「…となるかもしれない」というニュアンスで訳せばよい。

《 単語 & イディオム 》

☐ living standard　生活水準	☐ rightwing　右翼
☐ immigration　移民	

●公務員の英単語●
②アメリカの行政組織

大統領　President

副大統領　Vice President

大統領（行政府）Executive Office of the President

経済諮問委員会　Council of Economic Advisers (CEA)

環境問題委員会　Council on Environmental Quality

国家安全保障会議　National Security Council (NSC)

行政局　Office of Administration

行政管理予算局　Office of Management and Budget (OMB)

国家薬物取締政策局　Office of National Drug Control Policy

科学技術政策局　Office of Science and Technology Policy

合衆国通商代表部　Office of the United States Trade Representative (USTR)

ホワイトハウス　The White House

国務省　Department of State

財務省　Department of the Treasury

国防総省　Department of Defense

司法省　Department of Justice

内務省　Department of the Interior

農務省　Department of Agriculture

商務省　Department of Commerce

労働省　Department of Labor

保健・福祉省　Department of Health and Human Services

住宅・都市開発省　Department of Housing and Urban Development

運輸省　Department of Transportation

エネルギー省　Department of Energy

教育省　Department of Education

復員軍人省　Department of Veterans Affairs

国土安全保障省　Department of Homeland Security

PART 4

過去問で学ぶ長文読解

実戦問題　初級レベル　①〜⑤

実戦問題　中級レベル　①〜⑤

実戦問題　上級レベル　①〜⑤

次の文の内容と合致するものとして最も妥当なのはどれか。

When Charles Darwin explained evolution, the process he observed was natural selection. It turns out inadvertent human selection can also cause species to evolve. Take the case of the snow lotus *, a rare plant that grows only at high levels in the Himalayas. Researchers have discovered that one species of the plant has been shrinking over time — the one people like to pick.

A snow lotus species called *Saussurea laniceps* is used in traditional Tibetan and Chinese medicine and is increasingly sought after by tourists. The largest plants are picked, and that occurs during their only flowering period. The result is that only smaller, unpicked plants go to seed.

"Selection caused by humans is a powerful force, whether conscious or unconscious, artificial or natural," Wayne Law and Jan Salick of the Missouri Botanical Garden in St. Louis commented. They studied specimens of the plants picked over time and also compared *S. laniceps* growing in heavily harvested areas with those found in places where people rarely picked them.

They report in Tuesday's issue of Proceedings of the National Academy of Sciences that the heavily harvested snow lotuses have been getting shorter over the last century, while those in areas not picked have not shrunk. And, they noted, a second species, *S. medusa*, which is not often picked, has not been changing. In the heavily harvested areas, where only the smaller plants got to reproduce, *the S. laniceps* averaged 5.3 inches tall, they found. The same plants in rarely harvested areas averaged 9 inches in height.

"Paradoxically, with unconscious human selection, when a species possesses a certain trait that is valued by people, individuals with that trait will be preferentially harvested and this selection will leave individuals with less desirable traits," Law and Salick pointed out.

＊ snow lotus：雪蓮

1 ヒマラヤのある種の雪蓮は，ダーウィンにより進化論が当てはまる事例として取り上げられた。

2 ヒマラヤのある種の雪蓮は，花が薬に利用されることから盛んに品種改良が行われてきた。

3 ヒマラヤのある種の雪蓮は，採りすぎて絶滅のおそれがあるため，植物園で保護・増殖が行われた。

4 ヒマラヤのある種の雪蓮は，大きい個体が摘まれていくうちに平均の背丈が
　小さくなった。

5 ヒマラヤにある2種類の雪蓮は，草丈の高低でそれぞれの種の判別ができる。

《 問題分析 》

　ヒマラヤの高地に咲く雪蓮という植物が，人間が選択を意識しないで摘み取った
ことで，結果として淘汰されている可能性があることについて述べている。選択肢
がすべて「ヒマラヤの雪蓮」という書き出しで始まっており，他の記述部分は短い
ので選択肢ごとの内容を把握するのはそれほど難しくない。第1段落と最終段落か
ら本文の概要を読み取り，各段落を追って選択肢該当部分を探していくようにする。

《 単語＆イディオム 》

☐ natural selection　自然淘汰	☐ reproduce　繁殖する
☐ inadvertent　故意でない，うっかりした	☐ paradoxically　逆説的に言えば
☐ shrink　縮小する，小さくなる	☐ trait　特徴，特質
☐ go to seed　結実期になる，実を結ぶ	☐ preferentially　優先的に

《 読解チャート 》

❶　**人間が種の淘汰にかかわる可能性について**
　　人間がうっかり選択をしても，種の進化を引き起こす可能性がある
　　ヒマラヤのある種の雪蓮はその具体例
　　（まとめ）ヒマラヤの雪蓮のように，人間のうっかりした行動が種の淘汰にかかわる
　　　　　　可能性がある

　　選択肢1 ➡ 「ダーウィンの進化論」は自然淘汰の過程を観察したもので，人為的
　　　　　　　な淘汰ではないので誤り。

❷　**ヒマラヤのある種の雪蓮が小さくなる原因について**
　　ある種の雪蓮は薬用として使用されており，旅行者による採取が急増している
　　最も大きなものが開花期に摘み取られるので，小さなものしか残らない
　　（まとめ）ある種の雪蓮が小さくなる原因は，薬用として使用されているため，そし
　　　　　　て大きなものが開花期に摘み取られるためである

　　選択肢2 ➡ 「花が薬に利用される」ことは述べられているが，盛んに品種改良が
　　　　　　　行われてきたとの記述はない。

❸ **米国植物園の研究者が行った雪蓮の研究結果とその結論について**

大量に摘み取られる場所にあるのものと，めったに摘み取られることのない場所
にあるものとを比較

その結果：①大量に摘み取られる場所のものは小さくなり続けていている

②めったに摘み取られることのない場所のものは小さくなっていない

③２番目のあまり摘み取られたことがない種は，変化がなかった

結　　論：意図があってもなくても，人間が好みの大きい方を選択してしまった
結果，小さいものだけが繁殖するようになった

選択肢**3** ➡ ある種の雪蓮は，小さなものに淘汰されつつあるのであって，絶滅の
おそれがあるのではない。また，保護・増殖が行われたとの記述はない。

選択肢**4** ➡ 正しい。「大量に摘み取られた場所では，より小さなものだけが繁殖
するようになり，めったに摘み取られることのない地域の同じものが
平均９インチの高さであるのに対し，平均5.3インチだった」とある。

選択肢**5** ➡ ２種類の雪蓮に言及してはいるが，高低の判別ができるとの記述はない。

全　訳

　チャールズ・ダーウィンが進化を説明したとき，彼が観察したのは自然淘汰の過程だった。
人間が軽率な選択をしても，結果的に種の進化を引き起こしうることがわかっている。ヒ
マラヤの高地にのみ育つ希少な植物，雪蓮の事例を取り上げよう。研究者たちはその植物
のある種—人が好んで摘み取るもの—が時を経て小さくなりつつあるのを発見している。

　サウスレア・ラニケプスと呼ばれている雪蓮の一種は，伝統的なチベットや中国の薬に
使用されていて，旅行者によってますます採取されつつある。最も大きなものが摘み取られ，
しかも開花期のみに摘まれてしまう。その結果，小さくて摘み取られなかったものだけが
実を結ぶことになる。

　「人間がもたらす選択は，意識してもしなくても，人工的なものでも自然なものでも，強
力な力になります」とセントルイスにあるミズーリ植物園のウェイン・ローとジャン・サ
リックは述べた。彼らは長期にわたって採取したその植物の見本を研究し，また，大量に
摘み取られてしまった場所で育っているＳ[サウスレア]・ラニケプスと，人がめったに摘み
取ることのない場所で見つかったものとを比較もした。

　彼らは火曜日発行の米国科学アカデミー紀要に，大量に摘み取られた雪蓮は過去１世紀
にわたって小さくなり続けているが，摘み取られていない場所のものは小さくなっていな
いと発表している。そして，彼らは第２の種，Ｓ・メドゥーサはあまり摘み取られたこと
がなく，変化していないと述べた。大量に摘み取られた場所では，より小さなものだけが
繁殖するようになり，Ｓ・ラニケプスは平均5.3インチの高さであることが分かった。めっ
たに摘み取られることのない地域の同じものは，平均９インチの高さだった。

　「矛盾しているように思われるかもしれませんが，ある種が人に評価される一定の特徴を
もっている場合，知らず知らずのうちに人間が選択することで，その特徴をもつ個体は優
先的に摘み取られてしまい，この選択があまり魅力のない特徴をもつ個体を残してしまう
のです」とローとサリックは指摘した。

正答 **4**

次の文の 　　　 に入るものとして最も妥当なのはどれか。

For many years, people believed that the brain, like the body, rested during sleep. After all, we are rendered unconscious by sleep. Perhaps, it was thought, the brain just needs to stop thinking for a few hours every day. Wrong. During sleep, our brain — the organ that directs us to sleep — is itself extraordinarily active. And much of that activity helps the brain to learn, to remember and to make connections.

It wasn't so long ago that the rueful joke in research circles was that everyone knew sleep had something to do with memory — except for the people who study sleep and the people who study memory. Then, in 1994, Israeli researchers reported that the average performance for a group of people on a memory test improved when the test was repeated after a break of many hours — during which some subjects slept and others did not. In 2000, a Harvard team demonstrated that this improvement occurred only during sleep.

There are several different types of memory — including declarative, episodic and procedural — and researchers have designed ways to test each of them. In almost every case, whether the test involves remembering pairs of words, tapping numbered keys in a certain order or figuring out the rules in a weather-prediction game, "sleeping on it" after first learning the task improves performance. It's as if our brains squeeze in some extra practice time while we're asleep.

This isn't to say that 　　　　　　　　　　　. If someone tells you his name, you don't need to fall asleep to remember it. But sleep will make it more likely that you do. Sleep-deprivation experiments have shown that a tired brain has a difficult time capturing memories of all sorts. Interestingly, sleep deprivation is more likely to cause us to forget information associated with positive emotion than information linked to negative emotion. This could explain, at least in part, why sleep deprivation can trigger depression in some people: memories tainted with negative emotions are more likely than positive ones to "stick" in the sleep-deprived brain.

1 sleep has nothing to do with memories

2 we can't form memories when we're awake

3 we can't erase unwanted memories

4 negative memories weaken with time

5 you need to improve your memory skills

113

《 問題分析 》

　研究者の行った実験例などにも触れながら，睡眠と記憶の関係について述べている。前後の文脈を踏まえて，空欄を含む一文がどのような意味になるのか推測してから選択肢に当たるとよい。

《 単語＆イディオム 》

☐ render　〜を（ある状態に）する	☐ figure out　〜とわかる，〜を理解する
☐ have something to do with 〜　〜と関係がある	☐ deprivation　欠如，貧困，剥奪
☐ procedural　手続上の	☐ depression　意気消沈，憂鬱，鬱病

《 読解チャート 》

❶ 睡眠時の脳の働きについて

　　従来の説：睡眠時に脳は休んでいると考えられていた。

　　　→しかし，それは間違いである。

　　現在の説：睡眠時でも，脳自体は活発に活動している。

❷ 睡眠と記憶の関係に関する実験について

　　1994 年のイスラエル人研究者による実験：

　　　休憩が記憶力の向上をもたらすことを実証するが，睡眠との関係は不明確。

　　2000 年のハーバード大学の研究者チームによる実験：

　　　睡眠をとったときに記憶力が向上することを実証。

❸ 睡眠と記憶の関係性について

　　記憶には，いくつかのタイプ（宣言的記憶，エピソード記憶など）がある。

　　どのタイプでも，一度眠った後のほうが成績の向上が見られる。

❹ 睡眠と記憶についての関係性についての補足

　　記憶にとって，睡眠は必要不可欠というわけではないが，睡眠不足が記憶保持に悪影響を与えることは確かである。

　　　→睡眠不足は，特に肯定的な感情にかかわる記憶を忘れる可能性を高めるため，鬱の症状を引き起こす原因となりうる。

➡ 空欄を含む文は「かといって，これは　　　ということではない」という意味で，直前の内容を受けて，誤解を招かないように補足説明をしている。したがって，空欄には直前と同じ内容を端的に述べた文が入る。２は前段落の主旨を逆から表現したものであり，前後の流れにも合う。１は前段落と相反する内容であり，そのほかの選択肢はいずれも前段落の主旨とは直接関係のない内容である。

選択肢 1	(訳)睡眠は記憶と何の関係もない
選択肢 2	(訳)我々が起きている間は記憶を形成することができない　➡　正答である。
選択肢 3	(訳)我々は望まない記憶を消すことはできない
選択肢 4	(訳)否定的な記憶は時間とともにおぼろげになる
選択肢 5	(訳)自分の記憶の能力を高める必要がある

全 訳

　長年の間，人間の脳は身体と同様に，眠っている間に休むものと考えられていた。つまるところ，睡眠によって我々は無意識状態になるのだから，ことによると，脳は単に毎日数時間の間，考えることを止める必要があるのかもしれない，と思われていた。が，それは間違いだ。眠っている間，我々に眠る指令を与える器官である脳それ自体は，並外れて活発な状態にあるのである。そしてその活動の多くは，脳が学習し，記憶にとどめ，関連づけを行うのに貢献している。

　睡眠が記憶と関係があることはだれでも知っている。——ただし，睡眠の研究をする人間と記憶の研究をする人間を除いては，という冗談が研究者の間で自虐的に語られていたのは，そう昔のことではない。そんな中，1994年にイスラエルの研究者から記憶力のテストに関する報告があった。それによると，被験者のグループが何時間も休憩をとった後，再テストをした場合に平均点が向上したという。ただしこの研究では，休憩中に睡眠をとった被験者とそうしなかった者がいた。2000年になると，ハーバード大学のあるチームが，こうした向上は睡眠をとった場合のみに起こることを実証した。

　記憶には，宣言的記憶，エピソード記憶，手続的記憶といったいくつかの異なるタイプがあり，研究者はそれぞれのタイプの記憶をテストする方法をすでに編み出している。そしてテストに含まれる活動が単語のペアを覚えさせることであれ，一定の順序で数字キーをたたくことであれ，天気予想ゲームの法則を見いだすことであれ，そのほぼすべてのケースにおいて，最初に課題を覚えた後で「寝かせておく」ことが，成績の向上につながるのである。それはあたかも，我々が眠っている間に脳が追加の練習時間を割り込ませているかのようだ。

　かといって，これは我々が起きている間は記憶を形成することができないということではない。だれかがあなたに名前を教えたとして，あなたはそれを覚えるために眠りに落ちる必要はないだろう。ただ，眠ることであなたが覚えていられる可能性は増すだろう。睡眠を奪う実験によって，脳が疲れているとあらゆる種類の記憶を保持することが難しくなることが確かめられている。興味深いことに，睡眠が奪われると，否定的感情にかかわる記憶よりも肯定的感情にかかわる記憶のほうが忘れる可能性が高くなる。このことは，睡眠不足が人によっては鬱の症状の引き金になるということの理由を，少なくともある程度は説明できるかもしれない。否定的感情に染まった記憶は，肯定的感情の記憶よりも睡眠不足の脳に「まとわりつく」傾向が高いということだ。

正 答 **2**

次の文の内容と合致するものとして最も妥当なものはどれか。

① Beneath the timber roof of a traditional marae*¹ meeting house at Wellington High School, dozens of students watch entranced as a play performed entirely in the Maori language unfolds.

Many only understand a smattering of the indigenous language, but pick up emotional cues from the performers. Some are close to tears as the production ends.

② It is a scene that, actor Eds Eramiha says, would have been difficult to imagine as recently as two decades ago. "Attitudes have changed immensely," he said. "When I was at school, te reo*² Maori was not held in high value, it was not spoken."

Te reo was banned in schools for much of the 20th century, which — combined with the urbanization of rural Maori — meant that by the 1980s, only 20 percent of indigenous New Zealanders were fluent in the language. An official report published in 2010 warned the language was on the verge of extinction.

③ The contrast with today is striking. The language is enjoying a surge in popularity among New Zealanders — Maori or otherwise. Te reo courses are booked out at community colleges, while bands, poets and rappers perform using the language.

Te reo words such as kai (food), ka pai (congratulations) and mana (prestige) have entered everyday usage. Even the way New Zealanders define themselves has taken on a te reo tone, with an increasing number preferring to use Aotearoa rather than New Zealand.

④ Prime Minister Jacinda Ardern chose to give her daughter Neve a Maori middle name — "Te Aroha" (Love) — when she was born in June.

Her government has set a target of having 1 million fluent te reo speakers by 2040. With the Maori comprising only 15 percent of New Zealand's 4.5 million population, that would mean many non-Maoris adopting the language.

　　*1 marae：マラエ，マオリ族の集会所　　*2 te reo：マオリ語

1 ウェリントン高校にある集会所で上演された芝居はマオリ語で行われたが，多くの高校生はマオリ語をほぼ理解することができ，芝居に感動して目を潤ませる者がいた。

2 約20年前からマオリ語は重要視されてきており，芝居の演者は高校で学んだマオリ語をいかして演技をすることができた。

3 マオリ族の都市化が進んだこともあり，先住民の間でも，マオリ語を流暢に話せる者が少数派となり，マオリ語が消滅の危機に直面しているという政府報告が出された。

4 政府は，マオリ語を普及させるために，日常会話に採り入れるよう啓発を行っているが，国民のマオリ語への関心はいまだ薄い。

5 政府は，2040年までに国民の15%がマオリ語を流暢に話せるようにするという目標を掲げている。

《 問題分析 》

　ニュージーランドは，民族間の融和に比較的成功している例であるが，隠れた偏見や差別意識は存在してきた。本問の英文では，マオリ文化が抑圧されてきた事実に触れつつ，マオリ語が流行している現状を伝えている。過去・現在・未来におけるマオリ語をめぐる状況を整理しながら，各選択肢を検討してほしい。

《 単語＆イディオム 》

□ unfold　展開する	□ on the verge of ～　～の寸前で
□ a smattering of ～　少量の～	□ surge　高まり，殺到
□ indigenous　土着の	□ book　～を予約する
□ urbanization　都市化	□ prestige　名声，威光

《 読解チャート 》

❶ **ウェリントン高校で上演されたマオリ語の芝居について**
（まとめ）多くの生徒は，マオリ語をほとんど理解できなかったが，演者たちの感情のこもったセリフに心を動かされた

（選択肢 **1**）➡ 「マオリ語をほぼ理解することができ」という記述が誤り。

❷ **過去におけるマオリ語の状況について**
役者のエズ・イレミハが学生だったころは，マオリ語を話す人はいなかった
マオリ語は，20世紀中の長い期間，学校で禁止されていた
マオリ族の村が都市化され，マオリ語を話す人も減った
（まとめ）マオリ語が差別され，禁止された時期があったため，マオリ語は消滅寸前にまで達した

（選択肢 **2**）➡ 「約20年前」にはマオリ語は重要視されず，学校で学ばれてもいなかったので誤り。

（選択肢 **3**）➡ 正しい。❷の後半の記述に重なる。

❸ 現在におけるマオリ語の状況について

　　マオリ語の講座が人気になり，マオリ語を取り入れた文化が見られるようになった

　　アーダーン首相は娘のミドルネームにマオリ語由来の言葉を使った

　（まとめ）人々のマオリ語に対する意識が変化した

> (選択肢 4) ➡ 政府が「日常会話に採り入れるよう啓発を行っている」という具体的
> な記述はなく，「国民のマオリ語への関心はいまだ薄い」という記述
> は本文の内容に反するので誤り。

❹ これからのマオリ語の状況について

　　政府は 2040 年までにマオリ語を流暢に話す人の数を 100 万人にする目標を掲
げている

　（まとめ）今後もマオリ語復権の流れは続きそうである

> (選択肢 5) ➡ 本文の記述ではニュージーランドの人口は 450 万人とされており，政
> 府が目標としている「100 万人」はその 22％ほどになるので誤り。

全訳

　ウェリントン高校内にある木造屋根の昔ながらの集会場で，大勢の生徒たちが，全編マオリ語で上演された芝居の展開にうっとりと見入っている。

　多くの生徒は先住民の言語をわずかしか理解できていないが，演者たちの発する感情のこもったセリフを感じ取っている。芝居の終わりには泣き出しそうな生徒たちもいる。

　それは，つい 20 年前には想像しがたい情景だったでしょう，と役者のエズ・イレミハは言う。「見方が激しく変わりました」と彼は語った。「私が学生だったころは，マオリ語は重要視されず，話す人はいませんでした」

　マオリ語は 20 世紀中の長い期間，学校で禁止されていた。このため，農村のマオリ族が都市化されたこともあって，1980 年代までには，ニュージーランドの先住民たちのうち，マオリ語を流暢に使うものはわずか 20％になった。2010 年に公表された公式の報告書で，マオリ語は消滅寸前であると警告された。

　今日との対比は目を引く。マオリ語は，マオリ族であるなしにかかわらず，ニュージーランドの人々に大人気だ。コミュニティ・カレッジでは，マオリ語の講座が予約で埋まり，バンド，詩人，ラッパーはマオリ語を使ったパフォーマンスをする。

　kai（食べ物），ka pai（おめでとう），mana（威光）といったマオリ語の言葉が日常的に使われるようになっている。ニュージーランドの人々が自らを定義する仕方も，マオリ語の色合いを反映するようになっており，ニュージーランドと呼ぶ代わりにアオテアロアと呼ぶことを好む人の数が増えてきている。

　ジャシンダ・アーダーン首相は娘のニーブさんを 6 月に出産した際，Te Aroha（愛）というマオリ語のミドルネームを娘につけた。

　アーダーン政権は，2040 年までにマオリ語を流暢に話す人の数を 100 万人にする目標を掲げている。ニュージーランドの人口 450 万のうち，マオリ族はわずか 15％であるから，これは非マオリ族の人々も多くマオリ語を身に付けることを意味する。

正答 **3**

次の英文中に述べられていることと一致するものとして，最も妥当なものはどれか。

Until recently, I would have agreed with the idea that stress is harmful. And yet, new research has made me rethink my beliefs about stress. Psychologists at Yale[1] have found that people with a positive view of stress are healthier, happier and more productive than people who fear stress. They've also shown that if you adopt a more positive view on stress, it improves your well-being and success.

❶

Changing your mind about stress can be challenging. We are bombarded[2] by stories about how stress can make you sick, depressed, distracted or lonely. You may have been kept awake at night by worries. It's natural to wonder, "What's so good about stress?"

❷

Let me share one way to rethink stress that can immediately help you. When you experience stress, your heart races, and you breathe faster. Usually, we interpret these physical symptoms as negative effects of stress. What if you viewed them instead as signs that your body was energized? What if you interpreted them as delivering more oxygen to your brain and body, to help you think better and perform to your full potential?

❸

This one change in stress mindset[3] — viewing stress as energy — has been shown to improve cardiovascular function[4], focus, confidence, and performance under pressure. The next time it feels like stress is getting in the way of your goals, remind yourself that stress gives you energy. When you take this point of view, stress can help you reach your goals.

❹

（Kelly McGonigal『スタンフォードの「英語ができる自分」になる教室』による）

＊1 Yale：エール大学　　＊2 bombard：浴びせる
＊3 mindset：考え方　　＊4 cardiovascular function：心臓血管機能

1 私は最近まで，ストレスは無害であるという考えであったが，新しい研究によって，ストレスに対する考えを改めさせられた。

2 心理学者の研究結果によると，ストレスを恐れる人のほうが，ストレスを肯定的にとらえる人よりも，健康で，幸せで，生産性が高い。

3 ストレスがあると病気になりやすいといった話ばかり聞かされているが，私たちがストレスに対する見方を変えるのは容易なことである。

4 ストレスを感じると，心臓がドキドキして，呼吸が速くなり，私たちはたいてい，こうした身体症状をストレスの良くない影響だと考える。

5 ストレスに対する考え方をエネルギーとみなすだけでは，ストレスは目標達成の助けにはなりえない。

《問題分析》

　ストレスは有害だとする一般の考え方に反して，新しい研究はストレスを肯定的なものと考える説を示した。筆者はこの説に沿って，新しいストレス観を提示している。テーマは身近なものであり，英文の構造もさほど難解ではない。選択肢の日本語もヒントにしながら読み進めて，一つ一つ正誤判定をしていこう。

《単語＆イディオム》

☐ stress　ストレス	☐ share　〜を共有する
☐ harmful　有害な	☐ race　（脈拍などが）速く打つ
☐ and yet　それにもかかわらず	☐ symptom　症状
☐ productive　生産的な	☐ energize　〜を活気づける
☐ well-being　健康，幸福	☐ potential　潜在能力，可能性
☐ distracted　注意が散漫な	☐ in the way of 〜　の邪魔になって

《読解チャート》

❶ ストレスに関する新しい研究について
　　最近の研究が筆者のストレスに対する考えを変えた
　（まとめ）筆者のストレスに対する考え：研究以前・否定的→研究以後・肯定的

> 選択肢 **1** ➡ 「私（筆者）」は，新しい研究を知るまでは「ストレスは有害」と考えていたのであり，「ストレスは無害」としている点が誤り。

> 選択肢 **2** ➡ 「ストレスを肯定的にとらえる人のほうが，ストレスを恐れる人よりも，健康で，幸せで，生産性が高い」とあるので誤り。

❷ ストレスに対する考え方を変える難しさについて
　　ストレスがもたらす負の要素を耳にすることが多い
　　夜，不安で寝付けない人もいる
　（まとめ）ストレスに対する否定的な考え方は根強く，これを変えるのは難しい

> 選択肢 **3** ➡ 「ストレスに対する意識を変えることは骨が折れる」とあるので誤り。

❸ ストレスに対する考え方を変える方法の一例について

ストレスによる心拍数や呼吸数の増加→たいてい否定的にとらえる→体が活動的になっているしるしと考えたらどうかと提案

（まとめ）通常ストレスによる負の影響ととらえられがちな症状を，肯定的にとらえなおすことで，考え方を変えられるのではないか

> 選択肢 **4** ➡ 正しい。「ストレスを感じると，心臓がドキドキし，呼吸が速くなるだろう。たいてい，私たちはこうした身体症状をストレスの良くない影響と受け止める」とある。

❹ ストレスに対する考え方を変える効果について

ストレスを肯定的にとらえることで，心臓血管機能や集中力などが改善する

ストレスを目標達成の障害と考えるのではなく，エネルギーの源と考えるべきだ

（まとめ）ストレスを肯定的にとらえると，ストレスが目標達成に役立ちうる

> 選択肢 **5** ➡ ストレスに対する考え方を変えることで，「ストレスは目標を達成する助けとなりうる」とあるので誤り。

全　訳

　少し前だったら私は，ストレスが有害だという考えに納得していただろう。しかし，新しい研究を知ってストレスについての考え方を再考させられることになった。エール大学の心理学者たちが，ストレスを肯定的にとらえる人のほうが，ストレスを恐れる人よりも，健康で，幸せで，生産性が高いということを突き止めたのである。彼らはまた，ストレスをより肯定的な視点で眺めると，健康と成功の度合いが高まるということも示している。

　ストレスに対する意識を変えることは骨が折れる。私たちは，ストレスがいかに病気やうつ状態，注意散漫，孤独感の原因となりうるかといった話を浴びせられるほど耳にしているのだ。夜，不安で寝付けないということもあるだろう。「ストレスの何がそんなによいのか」と疑問に思うのが当然だ。

　ストレスについて考え直すのに，すぐに役に立ちうる一つの方法をお教えしたい。ストレスを感じると，心臓がドキドキし，呼吸が速くなるだろう。たいてい，私たちはこうした身体症状をストレスの良くない影響と受け止める。そうではなくて，体が活動的になっているしるしだと考えたらどうだろう。それらが思考をより良くし，潜在能力を十分に発揮する手助けとして，脳や体により多くの酸素を送っているのだと解釈したらどうだろう。

　こうしてストレスの考え方を一つ変える（ストレスをエネルギーとみなす）ことによって，心臓血管機能，集中力，自信，プレッシャーの中での実績が改善するということが示されてきている。次にストレスが目標達成の障害になっているように感じたら，ストレスがエネルギーを与えてくれているのだと自分に言い聞かせてほしい。この視点を使えば，ストレスは目標を達成する助けとなりうるのだ。

正答 **4**

次の英文の内容と合致しているものとして，最も妥当なものはどれか。

❶

Something else clearly played a role in reversing New York's crime epidemic.

The most intriguing candidate for that "something else" is called the Broken Windows theory. Broken Windows was the brainchild*1 of the criminologists*2 James Q. Wilson and George Kelling. Wilson and Kelling argued that crime is the inevitable result of disorder. If a window is broken and left unrepaired, people walking by will conclude that no one cares and no one is in charge. Soon, more windows will be broken, and the sense of anarchy will spread from the building to the street on which it faces, sending a signal that anything goes. In a city, relatively minor problems like graffiti*3, public disorder, and aggressive panhandling*4, they write, are all the equivalent of broken windows, invitations to more serious crimes:《中略》

❷

In the mid-1980s Kelling was hired by the New York Transit Authority as a consultant, and he urged them to put the Broken Windows theory into practice. They obliged, bringing in a new subway director by the name of David Gunn to oversee a multibillion-dollar rebuilding of the subway system. Many subway advocates, at the time, told Gunn not to worry about graffiti, to focus on the larger questions of crime and subway reliability, and it seemed like reasonable advice. Worrying about graffiti at a time when the entire system was close to collapse seems as pointless as scrubbing*5 the decks of *Titanic* as it headed toward the icebergs. But Gunn insisted. "The graffiti was symbolic of the collapse of the system," he says.

　　*1 brainchild：独創的な考え　　*2 criminologists：犯罪学者の複数形
　　*3 graffiti：落書き　　　　　　*4 panhandling：物乞い　　　*5 scrubbing：磨くこと

1 最も興味深いのは，ニューヨークに蔓延する犯罪が「他の何か」と呼ばれる割れ窓理論によって減ったことである。

2 割れ窓理論とは，窓が割れてそのままになっていたら通行人がその建物の住人にすぐに注意するため，無秩序状態をなくすことができるという考え方である。

3 1980 年代にニューヨーク交通局の責任者だったジョージ・ケリングは，雇用したコンサルタントに相談して割れ窓理論を実践した。

4 地下鉄運営当局の弁護士たちは，犯罪や地下鉄の信頼性という問題も重要だ

が，落書きをなくすことのほうが重要だと考えた。

5 割れ窓理論によると，犯罪は秩序が保たれていないことによる結果であり，デイビッド・ガンは落書きはシステムの崩壊の象徴だと主張した。

《 問題分析 》

些細なほころびから秩序が乱れて犯罪の起こりやすい環境を形成するという「割れ窓理論」について説明し，ニューヨークが治安対策としてこの割れ窓理論を適用した事例を紹介している。時系列としては，ニューヨーク交通局において割れ窓理論が適用された（第3段落）ことによって，ニューヨークの犯罪は減少した（第2段落第1文）という流れとなる。第2段落で割れ窓理論の概要を理解し，第3段落では「誰が」「どんな役職として」ニューヨーク交通局での割れ窓理論適用を実践したのかをつかむことが鍵となる。

《 単語＆イディオム 》

☐ reverse　後退する	☐ anarchy　無秩序，混乱
☐ epidemic　蔓延，多発	☐ aggressive　攻撃的な
☐ intriguing　興味をそそる	☐ equivalent　同等のもの
☐ inevitable　必然の	☐ urge　催促する
☐ disorder　無秩序	☐ put ～ into practice　～を実行に移す
☐ conclude　結論を下す	☐ advocate　擁護者，弁護人
☐ in charge　担当の	☐ collapse　崩壊（する）

《 読解チャート 》

❶ 「割れ窓理論」について

　①ニューヨークにおける犯罪減少に貢献したものの候補に挙げられる
　②犯罪学者のウィルソンとケリングが提唱した
　③割れた窓が放置されていると，秩序が保たれていないという感じが広がっていき，事態が大きくなるという理論
　（まとめ）ごく些細な犯罪でも，放置していれば重大な犯罪へと発展してしまう

> （選択肢 **1**） ➡ 割れ窓理論は，「他の何か」（犯罪減少の要因候補）の中で最も興味深いものとして取り上げられているのであって，割れ窓理論によって犯罪が減少したという事態が興味深いのではない。また，割れ窓理論が「他の何か」と呼ばれているわけでもないので誤り。

> （選択肢 **2**） ➡ 通行人が注意するわけではないので誤り。

❷ **ニューヨーク交通局での「割れ窓理論」の実践ついて**

① 割れ窓理論の提唱者，ジョージ・ケリングがニューヨーク交通局のコンサルタントになった

② 新たな地下鉄責任者，デイビッド・ガンが地下鉄システムの再建を監督

③ 地下鉄側の弁護士は些細な問題よりも重大な問題に力を注ぐべきだと主張

④ ガンは弁護士たちの主張に異を唱えた

（まとめ）事態が深刻なときに些細な問題に気をとられることは無駄であるように思われるが，実は些細な問題こそが深刻な事態の引き金となるのであり，そこから改善していくことが大切である

選択肢 3 ➡ ケリング自身がコンサルタントとして雇用されて割れ窓理論を推進したので誤り。

選択肢 4 ➡ 地下鉄運営当局の弁護士たちは，落書きよりももっと重大な問題のほうに目を向けるべきだと考えていたので誤り。

選択肢 5 ➡ 正しい。割れ窓理論については❶にある内容と一致。デイビッド・ガンの主張内容については❷の最終文に一致する。

全訳

明らかに他の何かが，ニューヨークに蔓延する犯罪を減少させる役割を果たした。

その「他の何か」の候補として最も興味深いものは，割れ窓理論と呼ばれている。割れ窓理論は犯罪学者のジェームズ・Q・ウィルソンとジョージ・ケリングによる独創的な考えだった。ウィルソンとケリングは，犯罪は秩序が保たれていないことの必然的な結果であると論じた。もし窓が割れていて修繕されないままになっていたら，通り過ぎる人々は，（割れた窓について）誰も気にかけていないし誰も責任を負っていないと断定するだろう。そのうちにもっとたくさんの窓が割られ，無秩序の感覚が，何でもありだというサインを発しながらその建物に面した通りへと広がっていくだろう。都市において，落書きや治安の乱れや強引な物乞いといった比較的些細な問題は皆，割れた窓に相当し，もっと深刻な犯罪へと導くものなのだと，彼らは著している。

1980年代半ば，ケリングはニューヨーク交通局のコンサルタントとして雇用され，彼らに割れ窓理論を実践するよう推進した。彼らは要望に応えて，数十億ドル規模の地下鉄システムの再建を監督するためにデイビッド・ガンという名の新しい地下鉄責任者を迎え入れた。当時，地下鉄運営当局の弁護士たちの多くはガンに，落書きのことは気にせずに犯罪や地下鉄の信頼性といったもっと大きな問題に目を向けるように言った。そしてそれは道理に合った助言のように思われた。システム全体が崩壊しそうな時点で落書きの心配をすることは，タイタニックが氷山に向かっているときにその甲板を磨くのと同じくらい無意味のように思えた。しかしガンは主張した。彼曰く，「落書きはシステム崩壊の象徴なのだ」と。

正答 5

Select the statement which best corresponds to the content of the following passage.

Employers have unleashed a new wave of cutbacks in company-paid health benefits for retirees, with a growing number of companies saying that retirees can retain coverage only if they are willing to bear the full cost themselves. ❶

Scores of companies in the last two years, including the telecommunications equipment giants Lucent Technologies and Alcatel and a big electric utility, TXU, have ended medical benefits for some or all of their retirees and instead offered to let them buy coverage through a group plan. This coverage is often more expensive than many retirees can afford. ❷

Experts expect that the trend, driven by the fast-rising cost of health care, will continue, despite the billions of dollars that the government will distribute to companies that maintain retiree health coverage when the new Medicare drug benefit begins in two years. In contrast to pension financing, companies are not obligated to set aside funds to pay for retirees' health benefits, and the health plans can usually be changed or terminated at the company's choosing, with no appeal available to the retirees. ❸

The costs can be a shock. According to surveys by benefits consultants, companies that offer health benefits to retirees typically have subsidized about 60 percent of the premium. Losing that support all at once can mean hundreds of dollars a month in unexpected costs. ❹

1 Companies are proposing to increase the health-care benefits for retirees.

2 In the last two years, many companies including major ones have stopped medical benefits they offered for their retirees.

3 The cost of the medical coverage plan offered in place of old-type benefits is moderate enough for retirees to bear.

4 Companies legally have to set aside money for the payment of retirees' health benefits.

5 According to benefits consultants, companies assisted 40 percent of the premium for health benefits of their retirees.

《 問題分析 》

　企業の退職者向け医療給付金が削減されている状況について述べられている。英文が本問程度の長さになると，選択肢がだいたい本文通りに順を追って示されるので，段落ごとに解答していくとよい。

☐ unleash　〜を抑えるのをやめる	☐ distribute　〜を分配する
☐ cutback　削減，縮小	☐ in contrast to 〜　〜と対照的に
☐ benefits　給付金	☐ pension　年金
☐ retiree　退職者	☐ financing　資金調達
☐ retain　〜を維持する	☐ be obliged to 〜　〜せざるをえない
☐ coverage　保険（担保）	☐ set aside 〜　〜を積み立てる, 引き当てる
☐ bear　〜を負う，担う	☐ appeal　抗議
☐ scores of 〜　多くの〜	☐ subsidize　補助金[助成金]を給付する
☐ electric utility　電力事業	☐ premium　掛け金

《 読解チャート 》

❶　企業の医療給付金に関する現在の状況について

現在の動き：①企業負担の医療給付金を削減している

②保険の掛け金を全額負担できる退職者のみ，保険を継続できる

（まとめ）企業の医療給付金は削減される傾向にあり，退職者には厳しい状況になり
つつある

（選択肢❶）（訳）企業は退職者向けの医療給付金を増額することを検討している。

➡「企業は退職者向けの医療給付金の削減を推し進めている」と述べられているの
で誤り。

❷　企業の医療給付金の動向に関する具体例について

①過去２年間に退職者向け医療給付金の削除，または一部廃止

②自分たちでグループ・プランで保険に加入するように退職者に提案

（まとめ）具体的な企業の例をみても，退職者にとって医療給付金の動向は厳しいも
のとなっている

（選択肢❷）（訳）過去２年間で，大手企業を含む多くの企業がこれまで退職者に提供し
てきた医療給付金を廃止している。

➡正しい。「多くの企業が，過去２年間に退職者向けの医療給付金の全額，または，
一部を廃止している」と述べられている。

（選択肢❸）（訳）旧来の給付金に代わって提供される医療保険プランのコストは，退職
者が負担できる程度の手ごろなものである。

➡この保険は「加入できないほど負担が大きい」と述べられているので誤り。

❸ **退職者の立場から見た医療給付金の動向について**

① ２年後に政府が健康保険に関して企業に助成金を出す予定

→専門家の見方：医療コストの高騰もあって現状と変わらないだろう

②企業からの補助は期待できない

→企業には退職者向けの医療給付に当てる資金を積み立てる義務はないし，企業の一存で医療給付プランの変更も廃止も可能である

（まとめ）退職者向け医療給付金は，政府の働きかけにもかかわらず，削減の一途をたどるだろう

選択肢 **4** （訳）企業は，退職者向け医療給付金の支払のために資金を積み立てるよう法的に義務付けられている。

➡ 企業は「資金を積み立てる義務はなく」との記述があるので誤り。

---

❹ **退職者が受ける打撃について**

現行：保険の掛け金の６割程度を企業が負担してくれている

企業の補助を失った場合：１か月に数百ドルのコストが余計にかかるだろう

（まとめ）企業の給付金を削減する動きによって，退職者は深刻な打撃を受けると考えられている

選択肢 **5** （訳）給付金コンサルタントによれば，企業は，退職者の医療給付金の掛け金の４割を補助した。

➡ ４割ではなく「６割程度」との記述があるので誤り。

全 訳 次の文の内容に最も合致する記述を選びなさい。

雇用主は，企業が負担する退職者向けの医療給付金の削減を推し進め，同時に，これにかかるコストを全額自己負担する退職者のみ保険を継続できると表明している企業が増え続けている。

通信機器の大手であるルーセント・テクノロジー社やアルカテル社，大手電力会社のTXUなどを含む多くの企業が，過去２年間に退職者向けの医療給付金の全額，または，一部を廃止し，代わりに退職者に対してグループ・プランで保険に加入するよう勧めている。この保険は，多くの退職者にとっては，加入できないほど負担が大きい。

２年後にメディケアの新しい薬剤給付制度がスタートする際，政府は退職者向け健康保険を継続する企業に対して数十億ドルを分配することになっているが，専門家は，医療コストの高騰もあり，現在の傾向は今後も変わらないだろうと予想している。年金資金とは対照的に，企業は退職者向けの医療給付に当てる資金を積み立てる義務はなく，多くの場合，医療給付プランは企業の一存で変更や廃止が可能で，退職者に苦情を提起する権利はない。

退職者にかかる負担は大きい。給付金コンサルタント業者の調査によると，退職者に医療給付金を提供している企業は，一般に保険の掛け金の６割程度を補助してきた。その補助を全額一度に失うと，１か月に数百ドルの予定外のコストが発生しうることになる。

正答 **2**

次の文の内容と合致するものとして最も妥当なのはどれか。

In a study spanning two millenniums published in the journal Nature Geoscience, scientists said a "long-term cooling trend" around the world swung into reverse in the late 19th century.　In the 20th century, the average global temperature was 0.4 degrees Celsius higher than that of the previous 500 years, with only Antarctica*1 bucking the trend.　From 1971 to 2000, the planet was warmer than at any other time in nearly 1,400 years.

The investigation is the first attempt to reconstruct temperatures over the past 2,000 years for individual continents.　It seeks to shed light on a fiercely contested aspect in the global-warming debate.　Skeptics have claimed bouts of cooling or warming before the Industrial Revolution — including two episodes in Europe called the Medieval Warm Period and the Little Ice Age — are proof that climate variations are natural, not man-made.

The new study does not wade into the debate about greenhouse gases, but points to two planetary trends.

The first is a clear, prolonged period of cooling.　It may have been caused by a combination of factors, including an increase in volcanic activity, with stratospheric*2 ashes reflecting sunlight, or a decrease in solar activity or tiny changes in Earth's orbit, both of which would diminish sunlight falling on the planet.

The cooling — between 0.1 and 0.3 degree per 1,000 years, depending on the region — went into reverse toward the end of the 19th century, and was followed by an intensifying period of warming in the next century, the paper said.

"Distinctive periods, such as the Medieval Warm Period or the Little Ice Age stand out, but do not show a globally uniform pattern on multidecadal time scales," said Heinz Wanner of the University of Bern in Switzerland and one of 78 researchers from 24 countries who took part in the project.

The warming trend hit high gear in the mid-1970s, in line with record-breaking levels of carbon dioxide, according to this past research.　Climate records for Africa, though, were sparse, the researchers cautioned.

（注）　*1 Antarctica：南極大陸　*2 stratospheric：成層圏の

1 寒冷化の程度は地域によって異なるが，寒冷化は 19 世紀末までに反転し，20 世紀の温暖化へと続いたと報告されている。

2 寒冷化は，専ら火山活動に伴う僅かな地軸のずれや成層圏中の火山灰によって，地球に届く太陽光が減ったことが原因で引き起こされたと考えられている。

3 調査の結果，20世紀における地球の平均気温は，500年前と比較すると全ての大陸で約0.4℃高く，特に1970年代の気温が高かったことが分かった。

4 世界各地の気温を測定するという大規模調査は初めての試みであり，温暖化の原因を突き止めるために懐疑派研究者も参加して実施された。

5 今回の調査により，1970年代から二酸化炭素の排出量増大に伴って温暖化が進んだことが明らかになったが，研究者は今後アフリカ大陸での温暖化を警告している。

《 問題分析 》

　地球温暖化に関する新しい研究について書かれた文章である。第1段落で研究の概要が述べられ，続く段落で，温暖化を自然現象の一つとする立場や過去の研究についても触れつつ，研究結果を客観的に紹介している。

《 単語＆イディオム 》

□ buck　反対する	□ volcanic　火山の
□ contest　〜に意義を唱える	□ multidecadal　数十年の

《 読解チャート 》

❶　新しい研究の概要

　　研究の対象→過去2,000年間

　（まとめ）地球は寒冷期と温暖期を繰り返してきたが，1971年以降は急速に温暖化している

> 選択肢 **3** ➡ 500年前と比較して約0.4℃高かったのは地球全体の平均の気温である。特に南極大陸はこの傾向に逆行していたと書かれているので誤り。

❷　懐疑派の人々と研究のかかわり

　　地球温暖化に懐疑的な人々は，地球温暖化が自然現象であると主張

　（まとめ）新しい研究は画期的な試みで，異論の多い側面に光を投じることになった

> 選択肢 **4** ➡ 研究がめざしたのは「過去2,000年の地球の気温の再現」であり，「世界各地の気温の測定」ではない。また，懐疑派の研究者が参加したかどうかは触れられていないので誤り。

❸　研究が指摘する2つの地球の傾向のうちの1点目

　　寒冷期の長期化とその原因について

　　火山活動による太陽光の反射，太陽活動の減退，地球の軌道の変化など

　（まとめ）過去の寒冷期は，地球内の活動や太陽の活動の減退など複数の要素が組み合わさり長期化した

選択肢 **2** ➡ 寒冷化の原因として，「地軸のずれ」については記述がないので誤り。

❹ **寒冷化から温暖化への転換**

（まとめ）19 世紀末に寒冷化の流れは転換し，20 世紀は温暖化の時期になった

選択肢 **1** ➡ 正しい。❹の内容をほぼそのまままとめた選択肢になっている。

❺ **20 世紀後半のさらなる温暖化の傾向について**

ヨーロッパにおける「中世温暖期」や「小氷期」は，数十年規模での統一された パターンとはなっていない

（まとめ）1970 年代後半から温暖化はさらに加速している

選択肢 **5** ➡ 研究者は，アフリカ大陸の気候の記録が少ないことを保留事項として 警告しているのであって，特にアフリカ大陸について「温暖化の警告 をしている」とは書かれていないので誤り。

全訳

　雑誌「ネイチャー・ジオサイエンス」に発表された 2,000 年間を対象とした研究で，科学者たちは地球全体の「長期にわたる寒冷化の傾向」は 19 世紀後半に反転したと述べた。20 世紀の地球の平均気温はその前の 500 年よりも 0.4℃高く，この傾向に反するのは南極大陸だけである。1971 年から 2000 年まで，地球は約 1,400 年間で最も温暖であった。

　この調査は，各大陸の過去 2,000 年間の気温を再現しようという初の試みである。これは地球温暖化で異論の多い側面に，光をあてようとしている。懐疑的な人々は，ヨーロッパで起きた「中世温暖期」と「小氷期」の 2 つを含めて，産業革命前に寒冷化や温暖化の時期があったことは，気候の変動が自然なことであり，人為的なものではない証拠だと主張している。

　この新しい研究は温室効果ガスについての議論には踏み込まず，地球の 2 つの傾向を指摘している。

　一つ目は明らかに寒冷化の期間が長期化している点である。火山活動が増えて成層圏で灰が太陽光を反射したり，太陽活動の減少やごく僅かに地球の軌道が変化したことで地球に注ぐ太陽光が減少したりなど，複数の要因が重なったことによると思われる。

　地域にもよるが，1,000 年あたり 0.1 ～ 0.3℃の寒冷化は，19 世紀末に向かう頃に逆転し，翌 1 世紀は温暖化の激しくなった期間が続いたと論文は述べている。

　このプロジェクトに参加した 24 か国 78 人の研究者の一人でスイス，ベルン大学のハインツ・ヴァンナー氏は，「『中世温暖期』と『小氷期』のような特徴的な期間は目を引くが，それが数十年規模での地球全体で統一されたパターンを示しているわけではない」と述べている。

　先の研究によると，1970 年代半ばに，二酸化炭素レベルが記録的に上昇したのに伴い，温暖化の傾向はますます加速した。とはいえ，アフリカの気候の記録が少ない点を，研究者たちは警告している。

正答 **1**

130

次の文の内容と合致するものとして妥当なものはどれか。

The Arctic has always experienced cooling and warming, but the current melt defies any historical comparison. It is dramatic, abrupt, and directly correlated with industrial emissions of greenhouse gases. In Alaska and western Canada, average winter temperatures have increased by as much as seven degrees Fahrenheit in the past 60 years. The results of global warming in the Arctic are far more dramatic than elsewhere due to the sharper angle at which the sun's rays strike the polar region during summer and because the retreating sea ice is turning into open water, which absorbs far more solar radiation. This dynamic is creating a vicious melting cycle known as the ice-albedo feedback loop.

Each new summer breaks the previous year's record. Between 2004 and 2005, the Arctic lost 14 percent of its perennial* ice — the dense, thick ice that is the main obstacle to shipping. In the last 23 years, 41 percent of this hard, multiyear ice has vanished. The decomposition of this ice means that the Arctic will become like the Baltic Sea, covered by only thin layer of seasonal ice in the winter and therefore fully navigable year-round. A few years ago, leading supercomputer climate models predicted that there would be an ice-free Arctic during the summer by the end of the century. But given the current pace of retreat, trans-Arctic voyages could conceivably be possible within the next five to ten years.

  * perennial：永続的な

1 産業による温室効果ガスの排出と北極の氷の融解との関連性については否定する説もある。

2 北極の氷の融解を加速させる要因として，氷の方が海水よりも太陽光を吸収することが挙げられている。

3 地球温暖化が北極に与える影響は他の地域よりも大きく，氷の融解が更なる融解を招く悪循環になっている。

4 今後10年間で夏には氷に邪魔されず北極を航行することが可能になり，また，今後23年間で約40％の北極の氷が融解すると予想されている。

5 バルト海でも北極同様に氷の融解が進み，氷で覆われるのは冬期のみとなっている。

《 問題分析 》

　地球温暖化の進行と，その影響を最も大きく受けている北極で起こっている現象についての文章である。数値を多用して，過去に起こった出来事と未来の予測を述べているので，時制に注意して文脈を正確に読み取るようにする。

《 単語＆イディオム 》

□ current　現代の，進行中の	□ Baltic Sea　バルト海
□ defy　ものともしない，拒む	□ navigable　航行できる
□ abrupt　突然の，予期しない	□ year-round　1年中
□ correlate　お互いに関係がある	□ given ～　～を仮定すれば，～を認めれば
□ retreat　後退する	
□ vicious　むごい，激しい，猛烈な	□ voyage　（ゆったりした長い）旅
□ multiyear ice　万年雪	□ conceivably　考えられる限りでは，たぶん
□ decomposition　分解	

《 読解チャート 》

❶　地球温暖化の進行と北極で起こっている現象について

　　地球温暖化は温室効果ガス排出と直接的に関係している
　　北極における温暖化の影響は，ほかのどの地域よりも劇的
　　海氷が開水域に変わると，太陽放射の吸収量が増えるためアイスアルベドフィードバック現象が起こる
　　（まとめ）地球温暖化の影響は北極で最も劇的となっている

> 選択肢❶ ➡ 第2文に「それ（北極の氷の融解）は…産業による温室効果ガスの排出と直接的に関係している」とあるので誤り。

> 選択肢❷ ➡ 「後退した海氷が開水域に変わり，より多く太陽放射を吸収する」とあるので誤り。

> 選択肢❸ ➡ 正しい。「北極で地球温暖化によって生じた結果というものは，ほかのどこよりも劇的」とある。

❷　北極の万年雪の消失と今後の見通しについて

　　万年雪消失の現実
　　　①2004年〜2005年に北極の14%が消失
　　　②過去23年間で41%が消失
　　今後の見通し
　　　①北極の万年雪が消失し，バルト海のように一年中航行できるようになる

132

②北極では今世紀末までに夏に雪がなくなる

（まとめ）北極の万年雪は急激に消失しており，これからもその傾向が続く

> **選択肢 4** ➡ 「過去 23 年間で万年雪の 41％が消失した」とあり，過去の事柄なので誤り。また「1 年を通して航行できるようになるだろう」とあるが，「今後 10 年間で」という記述はない。

> **選択肢 5** ➡ バルト海は地球温暖化によって氷がなくなったわけではないので誤り。

全 訳

　北極はこれまで常に寒冷化と温暖化を経験してきたが，現在進行中の（氷の）融解はいかなる歴史的比較も歯が立たないほどである。それは劇的で突然の出来事であり，産業による温室効果ガスの排出と直接的に関係している。アラスカやカナダ西部では，過去 60 年の間に冬の平均気温が華氏 7 度も上昇した。北極で地球温暖化によって生じた結果というものは，ほかのどこよりも劇的である。なぜならば，極地方は夏の間に太陽光線がより鋭角に当たり，海氷が後退して開かれた水（開水域）になってしまい，水が太陽放射をずっと多く吸収するためである。この動力が，アイスアルベドフィードバックとして知られる激しい融解のサイクルを生み出すのである。

　毎年夏が来るたびに，それ以前の年の記録が更新されている。2004 年から 2005 年の間に，北極では 14％の万年雪が失われた。万年雪とは，航行の主な障害となっている，密度が高くて分厚い氷のことである。過去 23 年の間に，この固い万年雪の 41％が消失してしまった。この氷が融解しているということは，北極が将来バルト海のようになってしまうことを意味している。（バルト海は）冬に季節的な薄い氷の層に覆われるだけで，結果的には 1 年を通して航行できる。数年前，第一級のスーパーコンピュータによる気候モデル理論は，今世紀末までに北極は夏に氷がなくなるだろうと予測した。現在の後退のペースを前提とすれば，北極越え旅行ができるのは，おそらく今後 5 〜 10 年以内ということになるだろう。

正答 3

次の文の内容と合致するものとして最も妥当なのはどれか。

➊ As several studies have pointed out, diversity is a multidimensional concept. Stirling's definition of diversity includes a combination of three components: variety, balance and disparity. Variety refers to the number of different categories defined; specifically for films, we may ask, how many languages can be identified in the cinematographic production of a country? Balance refers to the extent to which these categories are represented: what percentages of each language are used in films? And disparity refers to the degree of dissimilarity that exists between the different categories: how different are the languages used? Thus, the larger the number of categories and the more balanced and disparate the categories, the more diverse the system.

➋ Data on 54 and 52 countries for 2012 and 2013, respectively, show that several countries have produced feature films in several languages (e.g. Spain, Morocco, South Africa and Switzerland) catering to*¹ the diversity of their social and linguistic constituents. In other cases, production companies in countries with small populations and minority languages seek a wider dissemination*² of their products by producing films in languages other than the local one (e.g. Sweden and Slovakia).《中　略》

➌ Taking into consideration both the variety of languages and the degree of their presence (or balance) (while leaving aside the complex parameter of disparity), India — with 22 official languages and approximately 2,000 unofficial languages — has the world's highest linguistic diversity in its cinematographic production. The films are mainly monolingual, produced in Chennai, Hyderabad, Mumbai and Thiruvananthapuram.

➍ In spite of its large linguistic diversity, four languages accounted for 59% of India's film production during the 2012-2013 biennium*³: Tamil, Telugu, Hindi and Malayalam. However, no one language in India had a share of more than 17 percentage points, which reveals a balance among the languages with a strong presence in film production. In foreign language production, only 19 movies were made in English over the same period.

　（注）　*1 cater to：要求を満たす　*2 dissemination：普及　*3 biennium：2 年間

1 Stirling による定義では多様性は 3 段階で構成されており，映画における言語の多様性については，そこで使用される言語の種類の多さが最も重要である。

2 スウェーデンやスロバキアなどでは，社会的背景や言語の異なる国民の多様性を反映した映画が複数の言語で製作されている。

3 国内に多くの言語を抱える大国で，話者が少ない言語の映画を製作している会社は，作品が広く普及するよう，映画を複数の言語で製作している。

4 インドは，映画製作において，使用言語数やその均衡の点から世界で最も言語の多様性に富み，どの言語で製作された映画も国内で製作された映画全体に占める割合は2割を超えない。

5 インドで製作される映画の約6割は公用語で製作され，いずれの作品も四つの公用語で鑑賞することができる一方，外国語に翻訳された作品の本数は少ない。

《 問題分析 》

「多様性」の問題を，映画製作における言語使用の観点から取り上げた英文である。第1段落では，Stirling による多様性の定義を映画製作の場合に当てはめて提示し，以降の段落では世界の国々での映画製作における言語使用の実情を概説している。

《 単語＆イディオム 》

☐ multidimensional　多次元の	☐ constituent　構成要素
☐ disparity　相違，格差	☐ parameter　パラメータ，変数
☐ cinematographic　映画の	☐ monolingual　1言語使用の
☐ dissimilarity　相違	☐ account for ～　～を占める

《 読解チャート 》

❶ **多様性 (diversity) の定義について**
　　Stirling の定義→多種 (variety)，均衡 (balance)，差異 (disparity) の組み合わせ
　（まとめ）種類が多く，それらの差異が大きく，かつ互いの均衡がとれているシステムは多様性が高いと言える

> 選択肢 1 ➡ 「多様性」は3つの要素から成るとされ，そのうちのいずれがより重要であるかは述べられていないので誤り。

❷ **各国の映画製作における使用言語のデータについて**
　　社会的・言語的多様性の高い国では，複数言語で映画製作が行われる
　　話者の少ない言語を使用する国では，自国以外の言語で映画が製作される
　（まとめ）映画製作における使用言語は，各国の多様性を反映している

> 選択肢 2 ➡ スウェーデンやスロバキアは自国以外の言語で映画が製作される国の例であり，多様性を反映して複数の言語で映画製作が行われているのは，スペインやモロッコなどの国なので誤り。

❸ **多種と均衡の観点からみた，インドの映画製作について**

　　インド映画は主に１つの言語を使って，４つの都市で製作されている

　（まとめ）多くの言語を抱えるインドは，映画製作の言語的多様性が世界で最も高い

❹ **インド映画における言語使用の割合について**

　　映画の59％を４つの言語が占める一方で，そのいずれも17％を超えない

　　英語を使用した映画は，２年間でわずか19作品

　（まとめ）インドの映画製作では言語間の均衡がとれている

> （選択肢**3**）➡ 国内に多くの言語を抱える大国で，話者が少ない言語の映画を製作している会社について，本文では触れられていないので誤り。

> （選択肢**4**）➡ 正しい。

> （選択肢**5**）➡ インド映画はそれぞれ主に１つの言語で製作されており，４つの公用語で鑑賞できるわけではないので誤り。

全 訳

　複数の研究が指摘しているように，多様性は複数の側面を持つ概念だ。Stirling による多様性の定義には，多種，均衡，差異という３つの構成要素の組み合わせがある。多種とは明らかに異なるカテゴリーの個数のことであり，とくに映画で言うなら，ある国の映画製作の際使われている言語で識別可能なものがいくつあるかと問うことができる。均衡とは，これらのカテゴリーが表現される程度のことで，各言語が映画の中で何パーセント使われているかということだ。そして，差異とは異なるカテゴリー間に存在する相違の程度のことで，使われている言語がどれくらい異なっているかということだ。したがって，カテゴリーの数が多ければ多いほど，またそのカテゴリーが，均衡がとれて，なおかつ異なっていればいるほど，そのシステムはより多様性があることになる。

　2012 年に 54 か国, 2013 年に 52 か国を対象としたデータによると，いくつかの国（例えば，スペイン，モロッコ，南アフリカ，スイス）は，社会的・言語的構成要素が多様であることからくる要求を満たしてくれる複数言語で，主要な映画を製作していることがわかる。他のケースでは，人口が少なく話者の少ない言語を使用する国（例えば，スウェーデン，スロバキア）の製作会社は，自国以外の言語で映画を製作することで作品を広く普及させようとしている。《中略》

　言語の種類の多さとその存在感の程度（つまり，均衡）の両面を（差異という複雑な変数は考えずに）検討すると，22 の公用語と約 2,000 の非公用語を持つインドは，その映画製作において世界で最も言語的多様性が高い。インド映画は，主に１つの言語で，チェンナイ，ハイデラバード，ムンバイ，ティルバナンタプーラムで製作されている。

　言語的多様性の大きさにもかかわらず，2012 から 2013 年の２年間に製作されたインド映画のうち 59％ は４種類の言語で占められていた。すなわち，タミル語，テルグ語，ヒンディー語，マラヤーラム語である。しかし，インドのいずれの言語もその使用割合は 17％ 以下であり，このことは，映画製作における存在感の強さについて言語間で均衡がとれていることを示している。外国語での映画製作に関しては，同時期，英語で作られた映画はわずか 19 本だった。

正 答　4

次の文の内容と合致するものとして妥当なものはどれか。

Frog slime*¹ just could be the source of the next flu drug. It's really not a crazy idea, though. Scientists have spent decades searching for new drugs to combat viruses by mining proteins that animals make to fight off germs. And lately, proteins found in amphibian mucus*² have shown promise against HIV and herpes. Now it's influenza.

❶

David Holthausen is a graduate student in immunology*³ at Emory University in Atlanta, Georgia. He and his colleagues sampled slime from the skin of a frog. Called *Hydrophylax bahuvistara*, this frog species was discovered in southern India. Its mucus contains a host of proteins. The researchers tested 32 of them against a flu virus. Four showed promise. All but one, however, proved toxic to mammals. So the scientists focused on the last. They're calling it urumin for a type of sword used in the region of India where this frog was found.

❷

Urumin didn't harm mammals. It did, however, seem to give several flu viruses a hard time. Influenza viruses mutate frequently, forming new types, known as strains. The family of each strain is known by a series of letters and numbers. Holthausen and his group chose common disease-causing strains. Four belonged to the H3N2 family and eight to the H1N1 family. Urumin slowed somewhat the ability of H3N2 viruses to reproduce. It was particularly good, however, at killing H1N1 viruses. And that's fortunate, because these are a more common family of strains that sicken people. Mice treated with the frog-slime protein, also had a better chance of survival when exposed to a killer strain of flu. The slime protein even cut the reproduction of viruses in seven strains that had all become resistant to the effects of anti-viral drugs. The new research shows that urumin works by blowing up flu virus particles. It targets a so-called stalk region of a protein in the H1 strains. It will take more work to turn urumin into a true drug. But in time, it could serve as the basis for a new family of flu vaccines.

❸

　*1 slime：粘液　　*2 mucus：粘液　　*3 immunology：免疫学

1 *Hydrophylax bahuvistara* と呼ばれるカエルの粘液は毒性が強いことが古くから知られており，かつてインドでは，それを剣に塗って使用していた。

2 ある研究では，32 匹のカエルの粘膜から採取したタンパク質のうち，4 匹のカエルから採取したタンパク質がインフルエンザウイルスに対して有効であることが示された。

3 ウルミンは，マウスをインフルエンザの感染から守るのに有効であることが示されたが，薬剤耐性を持つインフルエンザウイルスに対しては効果がなかった。

4 ウルミンは，インフルエンザウイルスの粒子を破壊するが，ほ乳類に対しては無害であることが示された。

5 ウルミンは，副作用のおそれが低い上に安価に製造できることから，人間の
インフルエンザの治療薬として普及している。

《問題分析》

インフルエンザの新薬研究における新しい発見がテーマとなっている。カエル，
粘液，タンパク質，ウイルス，マウスなど研究に使われた要素が複数挙げられてい
るが，互いの関係性を整理して内容を正確に理解したい。

《単語＆イディオム》

□ mine　〜を採掘する	□ mutate　突然変異する
□ germ　細菌	□ strain　変種
□ amphibian　両生類	□ reproduce　繁殖する
□ herpes　ヘルペス，疱疹	□ anti-viral　抗ウイルス性の
□ a host of 〜　多数の〜	□ particle　小さな粒
□ toxic　有毒な	□ stalk　茎，幹

《読解チャート》

❶　抗ウイルスの新薬の研究について

　　動物が作るタンパク質を，抗ウイルス薬に応用する研究が続けられている
　　両生類の粘液に見られるタンパク質が HIV とヘルペスに効果が期待できることが
明らかになった
　（まとめ）動物由来のタンパク質をインフルエンザ薬に応用する研究が行われている

❷　カエルの皮膚の粘液に含まれるタンパク質の研究について

　　→ 32 種のタンパク質のうち4種に効果の見込み→4種のうち3種はほ乳類に有
毒→残り1種をウルミンと名づけた
　（まとめ）インフルエンザウイルスに効果を期待できるタンパク質が特定された

> **選択肢1** ➡ 南インドで使用される剣については，カエルの粘液に含まれるタンパ
> ク質の名称の由来として述べられているだけで，この粘液に毒性があ
> ることやこれを剣に塗って使用した，という記述はないので誤り。

> **選択肢2** ➡ 32，4 という数字は，タンパク質の種類として触れらており，研究に
> 使用したカエルの数ではないので誤り。

❸ **インフルエンザウイルスに対する，ウルミンの効果の検証について**

人間がかかるウイルスでより一般的な型でとくに効果が見られた

（まとめ）カエルの粘液由来のタンパク質は，インフルエンザ・ワクチンの原料となる可能性が期待される

> 選択肢 **3** ➡ 「抗ウイルス薬の効果に耐性をもった７つの変種ウイルスに対しても，その繁殖を止めた」とあるので誤り。

> 選択肢 **4** ➡ 正しい。「ウルミンはほ乳類に有害ではない」「ウルミンはインフルエンザウイルスの粒子を壊す」とある。

> 選択肢 **5** ➡ ウルミンを応用した新薬の開発は現在研究段階であり，また「安価に製造できる」という記述もないので誤り。

全 訳

　カエルの粘液がひょっとすると次代のインフルエンザ薬の原料になるかもしれない。しかし，これは実のところ突飛な考えではないのだ。科学者たちは，数十年の間，動物が細菌を撃退するために作るタンパク質を探り当てることによって，ウイルスと戦う新薬を見つけようとしている。そして，最近では，両生類の粘液で見られるタンパク質が HIV とヘルペスに対して効果が見込めることが明らかになっている。今度はインフルエンザだ。

　デビッド・ホルトハウゼンはジョージア州アトランタにあるエモリー大学で免疫学を研究する大学院生だ。彼のチームはカエルの皮膚から粘液を抽出した。このカエルの種は *Hydrophylax bahuvistara* と呼ばれ，南インドで発見された。このカエルの粘液には大量のタンパク質が含まれている。研究者たちはそれらのうちの 32 種についてインフルエンザウイルスに対する効果を調べた。4 種で可能性が見られたが，1 種以外はほ乳類には有毒であることが判明した。そこで，科学者たちは残り 1 種に的を絞った。彼らは，このカエルが発見されたインドの地域で使われる剣の種類を表すウルミンという名でそのタンパク質を呼んでいる。

　ウルミンはほ乳類に有害ではないが，いくつかのインフルエンザウイルスはこれによって確実に苦しめられるようであった。インフルエンザウイルスはしばしば突然変異して，変種として知られる新しい型になる。各変種の型は文字と数字の配列で識別される。ホルトハウゼンのチームは病気の原因となる一般的な変種を選んだ。4 種は H3N2 型に属し，8 種は H1N1 型に属していた。ウルミンは H3N2 型ウイルスの繁殖力を幾分弱めたが，H1N1 型ウイルスを殺すのにはとりわけ有効だった。そしてこれは幸いであった。というのは，H1N1 型のほうが人間を病気にする変種として一般的な型だったからだ。カエルの粘液由来のタンパク質で処置されたマウスでも，致死性のインフルエンザウイルスに感染した場合の生存率が改善した。いずれも抗ウイルス薬の効果に耐性をもった 7 つの変種ウイルスに対しても，その繁殖を止めた。この新しい研究では，ウルミンはインフルエンザウイルスの粒子を壊すことで効果を発揮することが示されている。それは，H1 型種のタンパク質のいわゆる茎のような部位を標的にするのだ。ウルミンを実際の薬剤に転用するにはさらなる研究が必要だ。しかし，早晩，新しい型のインフルエンザ・ワクチンの原料として役立つ可能性がある。

正 答 **4**

Select the statement which best corresponds to the content of the following passage.

Letter posting by Australians is in "terminal and structural decline", Australia Post chief executive Ahmed Fahour said after the postal group delivered its first annual loss in more than 30 years. "We are a parcels company more than a letters company," Mr Fahour said, as a 10.3 per cent drop in the posting of ordinary stamped letters in 2014-15 pushed Australia Post into a $222 million loss compared with a $116 million profit a year earlier. Mr Fahour said it was "alarming" to see the rate of decline in ordinary letters rise to 10.3 per cent from 5.7 per cent a year earlier, and that losses in its mail business were so big they had overwhelmed profits from the postal group's parcels and retail businesses. "This year the losses in mail were so large that even the very powerful and strong commercial businesses of Australia Post could not offset those losses," he said. The mail business reported a loss of $381 million.

But the Communication Workers' Union (CWU) accused Mr Fahour of "walking away from mail" and said the financial figures were not as bad as they appeared. Mr Fahour was trying to get approval for an increase in the price of stamps, said Martin O'Nea, spokesperson for the Victorian branch of the CWU. Australia Post received regulatory approval from the government on Thursday to introduce two speeds of letters services, regular and priority. The group wants to raise the basic postage rate to $1 from 70¢ for consumers in January but first needs to secure the approval of the Australian Competition and Consumer Commission (ACCC). Price increases on other categories of mail had hurt mail volumes, Mr O'Nea claimed. "The ACCC should take a measured and conservative approach and maybe introduce staggered price increases over a three-to-five-year period," he said.

Mr Fahour said the price increases were necessary to stem Australia Post's financial losses and that the group's "greatest opportunity" was in parcels due to continued growth in online shopping and the falling Australian dollar. Parcel exports to Asia have been rising as Asian consumers buy more Australian goods. Revenues from parcels rose 3.6 per cent to $3.21 billion in 2014-15. But Mr Fahour warned that competition was "intensifying" in the parcel deliveries sector as more international companies, such as Japan Post, entered the local market. Japan Post acquired logistics group Toll Holdings, which delivers express letters and packages, this year.

④ Australia Post will provide more details on its financial results in its annual report, which will be released in mid-October. Australia Post will soon launch a new marketing campaign promoting the message that it "loves delivering".

1 In 2014-15, Australia Post had failed to make a profit for the first time in more than 30 years as a result of a sharp drop in revenues from letter posting.

2 In 2014-15, the losses in its parcels and retail businesses brought Australia Post to an annual loss of $222 million for the first time in more than 30 years.

3 In 2014-15, Australia Post had its first annual loss of $381 million in more than 30 years because of a sharp decline in the profit from the mail business.

4 The Communication Workers' Union is opposed to raising the basic postage rate from 70¢ to $1 because it believes that the present rate will increase mail volumes and soon enable Australia Post to earn profits from its mail business.

5 Australia Post chief executive Ahmed Fahour plans to focus on parcel deliveries because there is no need to compete with rival companies.

《 問題分析 》

　オーストラリアの郵便事業は，2016 年現在，国営のオーストラリア・ポストによってほぼ独占的に担われている。インターネットの普及により書簡郵便の配送量が落ち込んでいる状況は，世界共通の現象である。公共性の高い郵便事業の維持と，収益の追求との両面の論理を整理して読み解くとよい。

《 単語＆イディオム 》

☐ terminal　絶望的な，末期的な	☐ measured　慎重な
☐ structural　構造的な	☐ conservative　保守的な，控えめな
☐ chief executive　最高(経営)責任者	☐ staggered　時間をずらした
☐ retail　リテール，小売り	☐ stem　止める，抑える
☐ offset　相殺する	☐ revenues　(単数扱い)総収益
☐ spokesperson　広報担当者	☐ logistics　物流，ロジスティクス
☐ regulatory　規制(当局)の	☐ launch　開始する，打ち上げる

《 読解チャート 》

❶ 2014-15 年度のオーストラリア・ポストの財務状況

　ファアワー最高経営責任者の見解

　　　・通常書簡郵便の減少により，書簡事業での収益が悪化

　　　・好調な小包事業は黒字だったが，全体では赤字となった

（まとめ）オーストラリア・ポストは，30 年以上ぶりに営業赤字を計上した。

選択肢 1 （訳）2014-15 年度，オーストラリア・ポストは，書簡郵便事業の収益の急激な落ち込みの結果，30 年以上ぶりに利益を計上することができなかった。

➡ 正しい。failed to make a profit「利益を出すことができなかった」，つまり「損失を出した」ということなので，内容に合う。

選択肢 2 （訳）2014-15 年度，小包事業とリテール事業での損失により，オーストラリア・ポストは，30 年以上ぶりに 2 億 2,200 万ドルの年間損失を出すことになった。

➡ 「小包事業とリテール事業」は黒字であり，損失を出したのは「書簡事業」なので誤り。

選択肢 3 （訳）2014-15 年度，書簡事業の利益の急激な減少により，オーストラリア・ポストは，30 年以上ぶりの赤字となる 3 億 8,100 万ドルの年間損失を出した。

➡ 「3 億 8,100 万ドルの年間損失」は「書簡事業」のみについてであり，グループ全体としては「2 億 2,200 万ドルの損失」になるので誤り。

❷ 郵便料金値上げの議論

通信労働者組合(CWU)→書簡事業の縮小を懸念

オーストラリア・ポスト→基本郵便料金を 70 セントから 1 ドルに引き上げたい

オーストラリア競争・消費者委員会(ACCC)→段階的な値上げをすべき

（まとめ）財務の改善を図って郵便料金の値上げが検討されているが，早期の値上げに至るかどうかは，ACCC の決定次第である。

選択肢 4 （訳）通信労働者組合は，現在の料金が書簡郵便の量を増やし，オーストラリア・ポストはまもなく書簡事業で利益を出すことができると考えているので，70 セントから 1 ドルへの基本郵便料金の値上げには反対している。

➡ CWU が郵便料金の値上げに反対している理由として本文で触れられているのは，「財務上の数値が見かけほど悪くない」ことと「過去の値上げが郵便量に悪影響を与えた」ことのみなので誤り。

❸ 値上げの必要性と小包事業の展望

ファアワー最高経営責任者の見解

→小包事業は期待が持てるが，競争の激化が予想される

（まとめ）損失の拡大を抑えるために，料金の値上げが必要

選択肢 5 （訳）オーストラリア・ポストのアフメド・ファアワー最高経営責任者は，ライバル企業と競争する必要がないので，小包配送に注力する計画である。

➡ ファアワー氏は，小包事業では「国際企業の参入による競争の激化」を警戒しているので誤り。

全　訳

　オーストラリア人による郵便利用は「末期的で構造的な減少」傾向にある，とオーストラリア・ポストのアフメド・ファアワー最高経営責任者は，郵便事業グループが30年以上ぶりに年間最終損失を計上したのを受けて語った。「我々は，書簡配送業者というより小包配送業者である」とファアワー氏は述べたが，これは，2014-15年に通常の切手付き書簡の投函数が10.3％落ち込んだことで，オーストラリア・ポストの収益が前年の1億1,600万（オーストラリア）ドルの利益から，2億2,200万ドルの損失へと転落したためである。通常書簡の減少幅が前年の5.7％減から10.3％減に増大し，書簡事業での損失があまりに大きく，郵便グループの小包事業とリテール事業からの利益を上回ったことは，「恐るべき」ことだとファアワー氏は述べた。「今年度は書簡事業での損失が非常に大きく，オーストラリア・ポストの，かなり力強い商業事業でもその損失を相殺できなかった」と彼は述べた。書簡事業は3億8,100万ドルの損失を計上した。

　しかし，通信労働者組合（CWU）は，「書簡から撤退しようとしている」としてファアワー氏を非難し，財務上の数値は見かけほど悪くないと述べた。ファアワー氏は切手の値上げの承認を得ようとしていると，CWUビクトリア支局のマーチン・オネア広報担当は語った。オーストラリア・ポストは，普通と速達の2種の書簡サービスを導入する承認を，木曜日に政府の規制官庁から受けた。グループは，一般消費者向けの基本郵便料金を，1月に70セントから1ドルに引き上げることを望んでいるが，それにはまずオーストラリア競争・消費者委員会（ACCC）の承認を取り付ける必要がある。他の郵便区分の料金を引き上げたことで，郵便の量に悪い影響が出たことがあると，オネア氏は主張した。「ACCCは慎重で控えめな姿勢で臨むべきで，おそらく3年から5年間かけて段階的に料金を引き上げていくことにすべきだ」と彼は言った。

　ファアワー氏は，オーストラリア・ポストの財務損失の拡大を抑えるためには値上げが必要で，オンラインショッピングの増加が続いていることとオーストラリア・ドルの下落のため，小包分野がグループにとって「最大のチャンス」だと語った。アジアへの小包輸送は，アジアの消費者がオーストラリアの製品をたくさん買うようになるにつれて，増加してきている。2014-15年の小包による収益は，3.6％増の32億1,000万ドルとなった。しかし，ファアワー氏は，日本郵便など，現地の市場に参入する国際企業が増えており，小包配送部門の競争は「激しい」と念を押した。日本郵便は今年，速達書簡や小包の配送を手掛ける，物流グループのトール・ホールディングスを買収した。

　オーストラリア・ポストは，10月中旬に発表される予定の年次報告で，財務結果のさらなる詳細を提出する。オーストラリア・ポストは，「好きです，配送」というメッセージを前面に打ち出した，新しい市場キャンペーンをまもなく開始する予定だ。

正答 1

Select the statement which best corresponds to the content of the following passage.

The recent decline in jobs in American manufacturing has coincided with a big increase in America's trade deficit with China, which reached $124 billion in 2003. According to some critics, this proves that China is to blame for the job losses. But to look only at America's bilateral trade deficit with China is misleading. Much of the increase in America's imports from China has been at the expense of other emerging economies' exports rather than domestic production. For example, back in 1988 some 60% of American shoe imports came from South Korea or Taiwan and only 2% from China; today China has a 70% share, and from South Korea and Taiwan have faded away. Over the same period America's imports of computers from the rest of East Asia have fallen as those from China have jumped.

America now buys goods from China that used to be made in Taiwan, South Korea or Hong Kong and have been outsourced to China. That does not mean that the East Asian economies have suffered a loss; they have moved up the value chain to more skilled and less labour-intensive industries. These economies now ship capital-intensive components to China for labour-intensive processing and assembly, to be re-exported to developed countries. For example, China imports motherboards, memory chips and other parts and exports personal computers. Thanks to this new global supply chain, China now has a trade surplus with America and Europe but a deficit with most of Asia. Its overall trade position is close to balance: China spends virtually all its export revenues on imports.

If China is "stealing" jobs from anybody, it is other emerging economies, not America. Mexico, in particular, is being squeezed. Despite NAFTA, it has already been overtaken by China as an exporter to the United States, and is likely to lose further market share to Chinese clothing producers when quotas are eliminated at the beginning of 2005. But China cannot possibly be the main cause of manufacturing job losses in America, because apart from clothing, the biggest job losses have been in industries in which America's imports from China are small.

1 The recent decline in American manufacturing industries is mainly caused by increased imports from China to America.

2 China enjoys a large trade surplus with the rest of the world, thanks to America which runs a large trade deficit with her.

144

3 All of other emerging economies incur losses in foreign trade due to the recent increase in China's world market share.

4 As a clothing exporter to America, Mexico is as strong a competitor as China.

5 The large decrease in America's manufacturing jobs has occurred mainly in those industries which are less affected by imports from China.

《 問題分析 》

　アメリカにおける製造業の雇用減少と対中国貿易赤字との関係について述べられている。一見すると単純そうな主題だが，実は他の国の経済も絡み一筋縄ではいかない。遠回りに思われるかもしれないが，やはり各段落ごとに論旨を把握して，選択肢の真偽を判断することが近道だろう。

《 単語＆イディオム 》

□ decline　減少	□ fade away　衰退する，消える
□ coincide with ～　～と同時に起こる	□ labour-intensive　労働集約的な
□ deficit　赤字(⇔ surplus 黒字)	□ processing and assembly　加工組立(生産)
□ blame ～ for ...　…で～を責める	□ squeeze　～を経済的に圧迫する
□ bilateral　相互の	□ quota　(輸出入の)割当量
□ misleading　誤解を招く	□ eliminate　～を排除する
□ at the expense of ～　～を犠牲にして	□ apart from ～　～を除いて，別にして
□ emerging economies　新興経済国	□ virtually　実質的には

《 読解チャート 》

❶　**アメリカの製造業における最近の雇用の減少とその原因の見方について**
　　一部の評論家の見方：中国からの大幅な輸入が原因である
　　筆者の見方：アメリカの対中国貿易赤字だけを見ると誤解を招く
　　その理由：中国からの輸入だけが一方的に増えたのではなく，他の新興経済国か
　　　　　　　らの輸入が相対的に減っている
　　（まとめ）中国からの輸入が増えたと同時に他の新興経済国からの輸入が減っており，
　　　　　　　アメリカの製造業の雇用の減少の原因を単純に中国からの輸入増加に見る
　　　　　　　ことはできない

　選択肢❶（訳）最近のアメリカにおける製造産業の衰退は，主に中国からアメリカへの輸入の増加によってもたらされた。

➡このように述べる評論家もいるが，「アメリカの対中国貿易赤字だけを見ると誤解を招く」と指摘されているので誤り。

❷ 中国の貿易の実態について

中国の全体的な貿易収支はほぼつり合っている

中国貿易の内容：①東アジア諸国が中国に部品を輸出する

②中国がその部品を加工したり，完成品を組立てる

③完成品をアメリカに輸出する

（まとめ）中国はアメリカに対しては大幅な貿易黒字だが，一方的に利益を得ている
のではなく，他のアジア諸国からの部品の輸入により収支はつり合ってい
る状態である

選択肢❷（訳）中国に対して莫大な貿易赤字を抱えているアメリカのおかげで，中国
は世界の残りの国々に対して貿易黒字を享受している。

➡️中国は「アジアの大多数に対して貿易赤字を抱えている」と述べられているので誤り。

---

❸ アメリカの雇用減少と中国との関係について

中国の影響：①アメリカが輸入先を中国にシフトしているので，アメリカに輸出
してきた国の雇用が減少している

②アメリカの雇用減少は，むしろ中国からの輸入分野とは異なる分
野に見られる

（まとめ）中国からの輸入が増えていることと，アメリカ国内の雇用減少とはほとん
ど関係がない

選択肢❹（訳）アメリカへの衣料品の輸出国として，メキシコは中国と同じくらい強
力な競争相手である。

➡️「すでにアメリカへの輸出国としての地位を中国に追い越され」，今後「中国の
衣料品生産者を前にさらに市場占有率を下げることになるであろう」と予測さ
れているので誤り。

選択肢❺（訳）アメリカの製造業における大幅な雇用の減少は，主として中国からの
輸入品の影響がより少ない産業において起こっている。

➡️正しい。「アメリカの最大の雇用減少はアメリカの中国からの輸入が少ない産業
に見られるからだ」との記述がある。

＊　＊　＊　＊　＊

選択肢❸（訳）最近の世界市場における中国の占有率の増加のために，他のすべての
新興経済国は外国貿易において損失を被っている。

➡️中国以外のすべての新興経済国が外国貿易において損失を被っているとの記述
は見られないので誤り。東アジアに関しては，中国に部品を輸出することで「経
済に損失を被ったわけではなく」と述べられている。

全 訳 次の文の内容に最も合致する記述を選びなさい。

　アメリカの製造業における最近の雇用の減少は，アメリカの中国に対する貿易赤字の大幅な増大と同時に進行してきた。後者は 2003 年に 1,240 億ドルに達した。このことから，評論家の中には雇用の喪失の責任は中国にあると言う者もいる。しかし，アメリカの中国との二国間の貿易赤字だけを見ることは誤解を招く。中国からの輸入の増加の多くは，国内生産よりは他の新興経済国の輸出を犠牲にしているのだ。たとえば，かつて 1988 年には，アメリカの靴の輸入の約 60 パーセントは韓国や台湾からで，中国からはわずか 2 パーセントであった。今日では中国が 70 パーセントのシェアを占め，韓国と台湾からの輸入品は姿を消している。同じ期間に，中国からのコンピュータの輸入が飛躍的に増えるにつれて，東アジアの他の諸国からの輸入は落ち込んだ。

　現在アメリカは，かつて台湾や韓国や香港で作られ，現在では中国に外部委託されるようになった商品を中国から買っている。これは，それらの東アジア諸国の経済が損失を被ったということではなく，より技術が高く非労働集約的な産業へと価値の連鎖を上げてきたのだ。現在これらの諸国は，資本集約的な部品を労働集約的な加工や組立てのために中国へ出荷し，完成したものが先進国へ再輸出される。たとえば，中国はマザーボードやメモリーチップや他の部品を輸入し，パソコンを輸出している。この新しい世界的な一連の生産工程のおかげで，中国は今やアメリカとヨーロッパに対しては貿易黒字だが，アジアの大多数に対しては貿易赤字になっている。中国の全体的な貿易収支はほぼつり合っている。つまり，事実上すべての輸出利益を輸入に費やしているかっこうだ。

　もし中国がだれかから職を「奪っている」とするなら，それは他の新興経済国であり，アメリカではない。なかでもメキシコは職を搾り取られている。NAFTA（北米自由貿易協定）の存在にもかかわらず，すでにアメリカへの輸出国としての地位を中国に追い越され，2005 年の初めに輸出入割当てが撤廃されれば，中国の衣料品生産者を前にさらに市場占有率を下げることになるであろう。しかし，中国はアメリカにおける製造業の雇用減少の主要因とはなりえないだろう。なぜなら衣料品を除けば，最大の雇用減少はアメリカの中国からの輸入が少ない産業に見られるからだ。

正 答 5

国家 I 種・平成 19 年度
標準解答時間：8 分

次の文の内容と合致するものとして最も妥当なのはどれか。

Although the Edo Period (1603-1867) is known as the period of Japan's self-imposed national isolation, the fact that diplomatic relations were maintained with China and the Netherlands as trading nations and with Korea and the Ryukyu Islands as friendship nations, means the description is somewhat simplistic. During the period, king's envoys were dispatched to Japan from both of the friendship nations, Korea and the Ryukyu Islands. The Korean envoys were called *tsushinshi*, a term suggesting the idea of goodwill. The envoy system was thus a symbol of peace and goodwill founded on a relationship of trust between the Japan and Korea of the Edo period.

The invasion of Korea by the Japanese ruler Toyotomi Hideyoshi was brought to a halt by his death, but not before war had devastated the Korean nation. His successor in power, Tokugawa Ieyasu, who refrained from military missions to Korea, reestablished diplomatic relations through negotiations with Songun Daesa Yuchong*, and the Tokugawa feudal regime thereafter attached great importance to the welcoming of the Korean envoys, which was the occasion for one of the grandest ceremonies during the reign of each shogun. In the roughly two hundred years between 1607 and 1811, twelve Korean envoy missions came to Japan. Thus, each time the Tokugawa regime had an especial celebration or inaugurated a new shogun, an envoy mission was sent to present the credentials of the Korean king and receive the reply of the shogun. 《中略》

Each mission counted three envoys proper: the *seishi*(chief envoy), *fukushi*(vice-envoy) and the *jujikan*(overseer), who were accompanied by painters, physicians, interpreters and musicians in a huge delegation of four to five hundred. The mission started out from Hanseong(now Seoul) and spent more than six months on the return journey of some 3,000 kilometers. These visits had a great impact on all levels of the Japanese populace: their fleets and processions were greeted with wild enthusiasm by the common people, and at the various stations of their progress, the envoys would hold large gatherings with local men of letters at which they practised written exchange through Chinese characters and mutual composition and recital of verse and prose.

＊ Songun Daesa Yuchong：松雲大師惟政（朝鮮の高僧）

1 徳川家康の招きにより朝鮮の高僧が訪日したことへの返礼として，朝鮮国王

への親書とともに幕府は朝鮮へ大使節団を派遣した。

2 朝鮮から派遣された使節団は，日本に6か月間滞在した。その間，幕府は何百人もの画家・音楽家などを動員して，盛大に儀式を執り行った。

3 日本，朝鮮，琉球の3国間では，相互に使節団の派遣が行われたが，朝鮮から琉球へ派遣されたものが，回数も人数も最も多かった。

4 朝鮮からの使節団は，民衆からの熱狂的な歓迎を受け，日本各地の文人たちとの　間で，筆談や詩文の交換などが盛んに執り行われた。

5 朝鮮との交流は鎖国下でも続けられており，朝鮮の国王が替わるたびに，朝鮮と日本との間で，大規模な使節団が相互に派遣された。それは江戸時代を通じて，12回行われた。

問題分析

　江戸時代の朝鮮使節について述べられている。中国，オランダや琉球，朝鮮などの諸外国と日本はどのような外交関係にあったのか，特に朝鮮と日本との関係はどのようなものであったかが述べられている。それぞれの国との関係性に注意しながら読んでいこう。

単語＆イディオム

- self-imposed　自ら課した
- diplomatic relation　外交関係
- description　記述，描写
- simplistic　（実際よりも）単純な
- envoy　（外交）使節，特命全権大使
- dispatch　（使者など）を派遣する
- goodwill　好意，友好，親善
- invasion　侵略，進攻，進出
- halt　停止，休止，中断
- devastate　（国土など）を完全に破壊する
- refrain　慎む，我慢する
- thereafter　それ以降，その後
- attach great importance　重要視する
- grand　重大な
- especial　特別な，特殊の，きわだった
- celebration　祝賀会，式典
- inaugurate　（式を行って正式に）就任する
- credential　信任状
- count　～を(仲間・メンバーに)入れる
- proper　厳密な意味での
- overseer　監督者，職長
- be accompanied by ～　～を伴う
- physician　医者，内科医
- delegation　代表(使節)団，派遣団
- some　およそ，約
- populace　人民，一般大衆
- fleet　船団
- procession　行列，行進
- enthusiasm　熱狂，熱中，熱意
- man of letters　作家，文学者，著述家
- composition　作品，作詩，作文
- recital　（詩の）朗読
- verse　韻文，詩，詩歌
- prose　散文(体)

《読解チャート》

❶ **江戸時代の鎖国状態について**

   江戸時代の日本を孤立した状態と考えるのは単純化しすぎている

   中国とオランダとは貿易国として，朝鮮と琉球とは友好国として交流があった

   （まとめ）江戸時代の日本は孤立状態ではなく，諸外国との交流があり，特に朝鮮との間には使節制度があった

❷ **徳川政権下の朝鮮使節について**

   徳川家康は朝鮮の高僧との交渉を通じて朝鮮との外交関係を修復した

   朝鮮使節は約 200 年間で 12 回，日本を訪れた

   将軍が替わるたびに朝鮮使節は国王の親書を持って訪日し，新将軍から返礼を受けた

   （まとめ）朝鮮使節は日本と朝鮮の友好関係を示すもので，徳川政権下で 12 回の訪日があった

   選択肢❶ ➡ 「朝鮮の高僧が訪日した」，「幕府は朝鮮へ大使節団を派遣した」という記述はないので誤り。

   選択肢❸ ➡ 朝鮮から日本への使節団派遣については本文に述べられているが，3 国間の交流についての記述はないので誤り。

   選択肢❺ ➡ 「朝鮮の国王が替わるたびに」，「相互に派遣」されたのではなく，日本の将軍が替わるたびに朝鮮使節が訪日したので誤り。

❸ **朝鮮使節の構成員と日本での活動について**

   朝鮮使節は，狭義には 3 人の使節のことであるが，全体では 400 〜 500 人の大使節団であった

   一行は日本各地でさまざまな階層の人々に熱狂的に迎えられ，文人たちとの集会も行われた

   （まとめ）往復約 3,000 キロの距離と半年以上を費やす朝鮮使節の訪日は日本各地で熱烈に歓迎を受けた

   選択肢❷ ➡ 本文に旅程は 6 か月以上とあるが，「日本に 6 か月滞在」との記述はない。また，画家や音楽家は朝鮮使節団の構成員であって，幕府が「動員」したわけではないので誤り。

   選択肢❹ ➡ 正しい。「一般の人々に熱狂をもって迎えられ」とある。

全 訳

　江戸時代（1603〜1867年）は日本が自ら国を孤立状態［鎖国］にしていた時期として知られているが，中国とオランダとは貿易国として，朝鮮と琉球とは友好国として外交関係を維持していたという事実は，この記述がいささか単純なものであることを意味している。その期間中，朝鮮と琉球というどちらの友好国からも，国王の使節が日本に派遣されていた。朝鮮の使節は「通信使」と呼ばれていたが，この言葉は友好の気持ちを示すものである。使節制度はこのように，江戸時代の日本と朝鮮との間の信頼関係に基づく平和と友好の象徴でもあった。

　日本の統治者・豊臣秀吉による朝鮮侵略は彼の死によって中断されたが，すでにそれ以前に，戦争によって朝鮮の国土は完全に破壊されてしまっていたのである。秀吉の権力の後継者である徳川家康は，朝鮮に軍隊を派遣することをひかえ，松雲大師惟政との交渉を通して外交関係を再構築した。そしてそれ以降，徳川の封建制度は朝鮮使節を歓待することを重要視し，それが各将軍在位中の最も重要な儀式の一つの機会でもあったのである。1607年から1811年までのおよそ200年の間で，12回の朝鮮使節が日本を訪れた。このようにして，徳川政権は特別な祝賀行事や，新しい将軍の就任式があるたびに，朝鮮国王の信任状を差し出すための使節が派遣されて，使節は将軍からの返礼を受けたのである。《中略》

　使節団は，厳密にいえば3人の使節がそれにあたる。正使（最高位の使節），副使（副使節），従事官（監督者）であるが，（この3人は）画家，医者，通訳，音楽家などの400〜500人の大派遣団を伴っていた。使節団はHangseong（現在のソウル）を出発し，約3,000キロの往復旅行に6か月以上の期間を費やした。こういった訪問は，日本の一般大衆のすべての階層に大きなインパクトをもっていた。船団や行列は一般の人々に熱狂をもって迎えられ，行進のさまざまな拠点ではしばしば地元の文人たちと大きな集会を催したものだった。そこで使節団は，漢字やお互いの作詩を通して筆談したり，韻文や散文の朗読などを行った。

正答 **4**

次の文の内容と合致するものとして最も妥当なものはどれか。

❶ While analyzing cores from Horseshoe Lake, an oxbow lake that separated from the Mississippi River some 1,700 years ago, Munoz's team discovered a layer of silty clay 19 centimeters thick deposited by a massive ancient flood.

❷ It's unlikely that the ancient floodwaters were high enough to inundate the ten-story mound at Cahokia's center, a structure now called Monk's Mound. But a flood of such magnitude would have devastated croplands and residential areas, and may have made it impossible for a population numbering as many as 15,000 to continue inhabiting the area.

❸ Whether the flood caused Cahokia's decline and abandonment or simply contributed to it remains a subject for future research. But this much is clear: Within 150 years of the flood, what had been the largest prehistoric settlement north of Mexico became a ghost town, a vacant landscape of earthen mounds that would confound European settlers. Though the flood is a new wrinkle in Cahokia's story, other data from the team's research supports previous archaeological conclusions about the history of Cahokia and the Mississippian culture of which it was a part.

❹ Analysis of pollen deposits in the sediment cores from Horseshoe Lake shows an intensification of farming, accompanied by rapid deforestation, starting around 450 C.E.*, with corn cultivation peaking between 900 and 1200 C.E. Then the cores reveal the flood event, followed by a decline in corn cultivation. By 1350 C.E., the pollen record shows, agriculture there had essentially ceased.

❺ Munoz, a geographer who specializes in the study of pollen records, noticed that very little pollen research had been done in the American Southeast, where the Mississippian culture flourished. "And we didn't really have any studies outside big archaeological sites," he said. So when he saw Horseshoe Lake right next to Cahokia, he thought it was worth a shot.

＊C.E.：西暦紀元

1 Munoz のチームは，ホースシュー湖の調査の結果，約1,700年前に存在した集落の跡と集落全体を浸水させた洪水の跡を発見した。

2 研究によれば，大規模な洪水が，約15,000人に達する巨大な集落であったカホキアの衰退と共に，ミシシッピ文化の衰退をもたらした直接的な原因であった。

3 ヨーロッパからの入植者たちは，大洪水によって植民地建設が困難になった

ため，水が引くまで一旦メキシコ北部から離れていった。

4 ホースシュー湖にあった花粉堆積物の分析によると，大洪水の後，トウモロコシの栽培が衰退しており，大洪水によって集落の農地が壊滅的な打撃を受けたと考えられる。

5 ミシシッピ文化の栄えた地域の花粉記録に関する研究はほとんどし尽くされており，Munoz は今回の調査での新たな発見はないだろうと考えていた。

《 問題分析 》

　未解明の部分の多いネイティブ・アメリカンの文化研究に，一石を投じうる発見についての記述である。耳慣れない固有名詞や専門用語がいくつか含まれているため，一見とっつきにくいかもしれないが，文章の論理展開は比較的明快である。難しい表現には言い換えもされているので，推測しながら読んでいこう。

《 単語＆イディオム 》

□ core　コア（ドリルで地中から取った土の）円形標本	□ contribute to ~　~の一因となる
	□ this much　これだけは
□ layer　層	□ prehistoric　先史時代の
□ silty clay　シルト質粘土	□ earthen　土製の
□ deposit　~を堆積させる，堆積物	□ confound　~を当惑させる
□ massive　大規模の，巨大な	□ archaeological　考古学的な
□ inundate　~を水浸しにする	□ pollen　花粉
□ devastate　~を完全に破壊する	□ sediment　沈殿物
□ residential　居住の	□ deforestation　森林伐採，森林破壊
□ abandonment　放棄，断念	□ cultivation　耕作，栽培

《 読解チャート 》

❶　ホースシュー湖の地質標本分析について
　厚さ 19 センチメートルのシルト質粘土層を発見
（まとめ）ホースシュー湖周辺で古代に大洪水が起きたことが判明

選択肢❶ ➡ 「約 1,700 年前」はホースシュー湖がミシシッピ川から切り離された時期であり，集落の存在した時期ではない。また，古代の大洪水が「集落全体を浸水させた」かどうかはわかっていないため誤り。

❷　カホキア遺跡と洪水との関係について①

　　大洪水の水位は，遺跡中央のモンクス・マウンドを覆うほどではなかったと考えられる

　（まとめ）古代の大洪水はカホキアの集落消滅の原因となった可能性がある

❸　カホキア遺跡と洪水との関係について②

　　大洪水がカホキア衰退の直接の原因であったかは現在のところ不明

　　明白な事実：メキシコ以北最大の先史集落が，大洪水の後150年以内にゴースト
　　　　　　　　タウンと化した

　　今回の発見は新しい事実を明らかにしたとともに，ミシシッピ文化に関する従来
　　の学説を裏付けるものでもあった

　（まとめ）カホキアが洪水の後間もなく衰退したことは明白で，同時に従来の学説も
　　　　　　裏付けられた

> （選択肢❷）➡ 洪水がカホキアの衰退の直接的な原因であったかどうかは現在のところ
> 　　　　　　不明である。また，本文ではミシシッピ文化の一部であるカホキアの集
> 　　　　　　落と洪水の関係は述べられているが，ミシシッピ文化全体については述
> 　　　　　　べられていないため誤り。

> （選択肢❸）➡ ヨーロッパからの入植者がカホキアにやってきたのは，大洪水の後であ
> 　　　　　　り，入植者の植民地建設については本文で触れられていないため誤り。

❹　地質標本の花粉堆積物の分析によって明らかになったことについて

　　西暦450年頃：農業の発展

　　西暦900年〜1200年：トウモロコシ栽培の最盛期

　　　　　　　　　　　　　　　（大洪水の発生）

　　西暦1350年以前：農業の消滅

　（まとめ）地質標本により，大洪水の後農業が最盛期から衰退に向かったと判明

> （選択肢❹）➡ 正しい。花粉堆積物の分析によって，トウモロコシ栽培の最盛期と消滅
> 　　　　　　の時期が特定でき，大洪水との前後関係が明らかになった。

❺　地理学者ムニョス氏の見解について

　　ミシシッピ文化の中心地では，従来花粉の調査があまり行われてこなかった

　　大規模な遺跡以外の研究はされてこなかった

　（まとめ）従来手薄だったアメリカ南東部での花粉調査に着手したことで，考古学研
　　　　　　究に一石を投じる発見がなされた

出典は，"Did a Mega-Flood Doom Ancient American City of Cahokia?"（National Geographic）

全　訳

　約1,700年前にミシシッピ川から切り離された三日月湖である，ホースシュー湖の地質標本分析中に，ムニョス氏率いる調査チームは古代に起きた大洪水の際に堆積した，厚さ19センチメートルのシルト質粘土層を発見した。

　カホキア遺跡の中央には現在モンクス・マウンドと呼ばれる構造物である塚があり，古代の洪水の水位が，その10階建て相当の塚を覆うほどの高さがあったとは考えにくい。しかし，このような大規模な洪水であれば，農地や居住地を荒廃させた可能性があり，これにより15,000にも達する数の人々がその地域に住み続けるのを不可能にしたのかもしれない。

　洪水がカホキアの衰退と放棄の原因だったのか，あるいはその単なる一要因に過ぎなかったのかは依然今後の調査の課題である。しかし次のことだけは明白だ。メキシコ以北最大の先史集落だったものが，洪水の後150年以内にゴーストタウンと化し，その人影のない，盛られた土塊の風景がヨーロッパ人入植者たちを呆然とさせることになったのである。洪水はカホキアの逸話に一石を投じるものであるが，チームの調査から得られた他のデータは，カホキアやカホキアを含むミシシッピ文化の歴史に関する，かねてからの考古学的定説を裏付けている。

　ホースシュー湖の地質標本に沈殿していた花粉堆積物の分析により，急激な森林破壊を伴う農業の発展が西暦450年頃に始まり，西暦900年から1200年までにトウモロコシ栽培が最盛期を迎えたことがわかる。地質標本は，その後洪水が発生し，続いてトウモロコシ栽培が衰退したことを明らかにしている。花粉の記録によると，西暦1350年までに，この地の農業は実質的に消滅した。

　地理学者で，花粉の記録研究を専門とするムニョス氏は，ミシシッピ文化が栄えたアメリカ南東部では，花粉の調査がほとんど行われてこなかった点に気づいた。「しかも大きな遺跡以外では本当にまったく研究をしていなかった」と彼は述べた。だからカホキアのすぐそばのホースシュー湖を見た際，彼は調査してみる価値があると思ったのだ。

正答 **4**

次の文の　　　　に入るものとして最も妥当なのはどれか。

❶ 　Time travel has been a popular science-fiction theme since H.G. Wells wrote his celebrated novel *The Time Machine* in 1895. But can it really be done? Is it possible to build a machine that would transport a human being into the past or future?

❷ 　For decades, time travel lay beyond the fringe of respectable science. In recent years, however, the topic has become something of a cottage industry among theoretical physicists. The motivation has been partly recreational—time travel is fun to think about. But this research has a serious side, too. Understanding the relation between cause and effect is a key part of attempts to construct a unified theory of physics. If unrestricted time travel were possible, even in principle, the nature of such a unified theory could be drastically affected.

❸ 　Our best understanding of time comes from Einstein's theories of relativity. Prior to these theories, time was widely regarded as absolute and universal, the same for everyone no matter what their physical circumstances were. In his special theory of relativity, Einstein proposed that the measured interval between two events depends on how the observer is moving. Crucially, two observers who move differently will experience different durations between the same two events.

❹ 　The effect is often described using the "twin paradox." Suppose that Sally and Sam are twins. Sally boards a rocket ship and travels at high speed to a nearby star, turns around and flies back to Earth, while Sam stays at home. For Sally the duration of the journey might be, say, one year, but when she returns and steps out of the spaceship, she finds that 10 years have elapsed on Earth. Her brother is now nine years older than she is. Sally and Sam are no longer the same age, despite the fact that they were born on the same day. This example illustrates a limited type of time travel. In effect, Sally has leaped nine years into Earth's future.

❺ 　The effect, known as time dilation, occurs whenever two observers move relative to each other. In daily life we don't notice weird time warps, because 　　　　　　. Even at aircraft speeds, the time dilation in a typical journey amounts to just a few nanoseconds — hardly an adventure of Wellsian proportions. Nevertheless, atomic clocks are accurate enough to record the shift and confirm that time really is stretched by motion. So travel into the future is a proved fact, even if it has so far been in rather unexciting amounts.

1 we ordinarily think the effect only appears in science-fiction such as *The Time Machine*

2 the phenomenon had not been known until Einstein's theories of relativity were established

3 the effect becomes dramatic only when the motion occurs at close to the speed of light

4 many people have no time to pay attention to such an ordinary phenomenon

5 the effect could happen only when two people live far apart in space

《 問題分析 》

　時間旅行が可能かどうかについて，アインシュタインの相対性理論の説明を通じて述べられている。前後の文脈や直前の because を手がかりに，空欄にはどんな意味の文が入るのか推測してから，選択肢に当たるとよい。

《 単語＆イディオム 》

☐ transport　〜を移す，運ぶ	☐ board　〜に乗る
☐ lie beyond 〜　〜の向こうにある	☐ twin paradox　双子のパラドックス
☐ cottage industry　零細産業，家内工業	☐ duration　継続期間
☐ theoretical physicist　理論物理学者	☐ elapse　(時が)経過する
☐ recreational　気晴らしのための	☐ illustrate　(例などで)〜を説明する
☐ unify　〜を統合する	☐ in effect　実際には，事実上
☐ unrestricted　制限のない，自由な	☐ leap　〜を飛び越える
☐ in principle　原則として	☐ time dilation　時間の遅れ
☐ drastically　劇的に，猛烈に	☐ weird　不思議な，奇妙な
☐ theory of relativity　相対性理論	☐ time warp　タイム・ワープ，時間歪曲
☐ prior to 〜　〜より前に，〜に先立って	☐ nanosecond　ナノ秒(10億分の1秒)
☐ absolute　絶対的な，完全な	☐ atomic clock　原子時計
☐ circumstance　周囲の状況，環境	☐ accurate　正確な
☐ interval　(時間の)隔たり	☐ stretch　〜を長引かせる
☐ crucially　決定的に	☐ so far　今のところ

《 読解チャート 》

❶ **時間旅行は可能か，について**
　H.G. ウェルズの著作である『タイム・マシン』以来，時間旅行は SF 小説のテーマであった

❷ 時間旅行と物理学との関わりについて

かつて：時間旅行は科学とは相容れないものであった

現在：時間旅行は理論物理学者たちの間で話題になっている

→その背景：もし時間旅行が理論的にも可能であるとなると，物理学の統一理論に多大な影響を与えるだろうと考えられている

（まとめ）時間旅行を物理的に考えることにより，物理学の世界にも大きな影響をもたらす可能性がある

❸ アインシュタインの相対性理論について

この理論の登場以前：時間は誰にとっても同じで絶対的なもの

相対性理論：人により時間の持続は異なる

（まとめ）アインシュタインの相対性理論によって，時間の観念について新たな提唱がなされた

❹ 相対性理論の効果について

「双子のパラドックス」：双子のサリーとサムがおり，サリーが宇宙を旅して戻ってきたとき，ずっと地球にいたサムより若くなっている

（まとめ）相対性理論において，「双子のパラドックス」で説明されるように，時間の持続は人によって違うものである

❹ 相対性理論に基づいて時間旅行は可能かどうか，について

時間の遅れは，2人の観察者がお互いに相対的に動くならいつでも発生している

→日常生活で，私たちはタイム・ワープに気がつかない,なぜなら[　　　　]からである

→飛行機程度の速さでも，時間の遅れは原子時計で辛うじて確認可能なほど小さい

（まとめ）原子時計により相対性理論が正しいと証明でき，未来への時間旅行も理論上は可能であるとわかった

➡ 空欄には，私たちが日常の生活の中でタイム・ワープに気がつかない理由が入る。これは，前の文を参考に言い換えると，日常の生活の中で，2人の人間が相対的に動いても，なぜタイム・ワープ（または時間の遅れ）に気がつかないのか，ということになる。後の文で，飛行機の速さで動いた場合の時間の遅れは，2，3ナノ秒であると述べられているが，これは私たちが感知できる時間ではない。よって，少なくとも飛行機の速さよりも速く動かなければ，時間の遅れを感じることはできない，とわかる。したがって，**3**が最適である。ほかの選択肢は，すべて文脈に合わない。

選択肢① （訳）私たちはこの効果が『タイム・マシン』のようなSFに登場するだけのものであると，普通は考えている

選択肢2	(訳)この現象は，アインシュタインの相対性理論が確立するまで知られていなかった
選択肢3	(訳)この効果が劇的なものとなるのは，動きが光速に近い速さで発生する場合だけだ ➡ これが正答である。
選択肢4	(訳)多くの人には，そのような普通の現象に注意する時間はない
選択肢5	(訳)この効果は2人の人物が宇宙で遠く離れて生活している場合にのみ生じるものだ

出典は，Scientific American 2002 / 9。

全 訳

　時間旅行は，H. G. ウェルズが1895年にあの有名な小説『タイム・マシン』を書いて以来，人気のある科学空想(SF)小説のテーマである。しかし，時間旅行は現実にできるものだろうか？　人間を過去や未来に送り込むような機械を作ることが可能なのだろうか？

　何十年もの間，時間旅行は立派な科学の枠組みを超えたものだった。けれども近年になって，この話題は理論物理学者たちの間でひそやかな楽しみのようなものになった。その動機は部分的には気晴らしだった—時間旅行は考えるのが楽しいからだ。しかし，この研究には重要な側面もあった。因果関係を理解することは，物理学の統一理論を打ち立てる試みの主要な一部である。もし無制限な時間旅行が可能ならば，たとえ理論的なものとしても，そのような統一理論の本質に及ぶ影響は計り知れないものとなっただろう。

　私たちが時間を理解している最良の方法は，アインシュタインの相対性理論に由来している。これらの理論が生まれる以前は，時間は絶対で普遍的なもので，だれにとっても，その人がどんな物理的な状態にあろうとも同じだと広くみなされていた。アインシュタインは相対性理論において，2つの出来事の間で測定される間は，観察者がどのように動くかに依存していると提唱した。別々に動く2人の観察者は，決定的に，同じ2つの出来事の間で別々の持続を経験するだろう。

　その効果は「双子のパラドックス」を用いて記述されることが多い。サリーとサムが双子だと考えたまえ。サリーはロケットに乗り込み，近くの星へ高速で旅行し，一周して地球へ飛んで戻ってくるが，一方のサムはずっと家にいる。サリーにとってこの旅は，そう，たとえば1年くらいのものだったかもしれないが，彼女が戻ってきて宇宙船を降りると，地球では10年が経過していた。彼女の弟サムは，いまや彼女よりも9歳年長となっている。サリーとサムは同じ日に生まれたとはいえ，もはや同い年ではない。この例は制約された時間旅行の例である。実際にはサリーは9年分だけ地球の未来に飛んだのである。

　時間の遅れとして知られているこの効果は，2人の観察者がお互いに相対的に動くならいつでも発生している。日常生活で，私たちが奇妙なタイム・ワープに気づくことはない。なぜなら，この効果が劇的なものとなるのは，動きが光速に近い速さで発生する場合だけだからだ。飛行機の速さでも，時間の遅れは2〜3ナノ秒(1ナノ秒は1秒の10億分の1)くらいの量の典型的な旅行として発生しているが，ウェルズの描いた冒険には遠く及ばない程度のものである。それにもかかわらず，原子時計は，運動で時間が実際に引き延ばされているという変化を記録し，確認するのに十分なだけ正確である。したがって未来への時間旅行は，これまでのところびっくりするほどのものではなかったとはいえ，証明された事実である。

正答 3

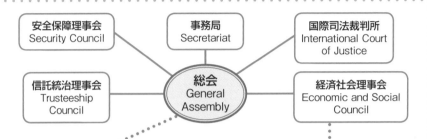

計画と基金　Programmes and Funds

国連貿易開発会議　United Nations
　Conference on Trade and Development
　(UNCTAD)
国連環境計画　United Nations
　Environment Programme (UNEP)
国連児童基金　United Nations Children's
　Fund (UNICEF)
国連開発計画　United Nations
　Development Programme (UNDP)
国連人口基金　United Nations Population
　Fund (UNFPA)
国連難民高等弁務官事務所　Office of the
　United Nations High Commissioner for
　Refugees (UNHCR)
世界食料計画　World Food Programme
　(WFP)
国連人間居住計画　United Nations Human
　Settlements Programme (UN-HABITAT)
　　　　　　　　　　　　　　　　　等

関連機関　Related Organizations

世界貿易機関　World Trade Organization
　(WTO)
国際原子力機関　International Atomic
　Energy Agency (IAEA)　　　　等

専門機関　Specialized Agencies

国際労働機関　International Labour
　Organization (ILO)
国連食糧農業機関　Food and Agriculture
　Organization of the United Nations
　(FAO)
国連教育科学文化機関　United Nations
　Educational, Scientific and Cultural
　Organization (UNESCO)
世界保健機関　World Health Organization
　(WHO)
(世界銀行グループ　World Bank Group)
国際復興開発銀行　International Bank
　for Reconstruction and Development
　(IBRD)
国際金融公社　International Finance
　Corporation (IFC)
国際通貨基金　International Monetary
　Fund (IMF)
国際民間航空機関　International Civil
　Aviation Organization (ICAO)
国際電気通信連合　International
　Telecommunication Union (ITU)
万国郵便連合　Universal Postal Union
　(UPU)
世界気象機関　World Meteorological
　Organization (WMO)
世界知的所有権機関　World Intellectual
　Property Organization (WIPO)　　等

PART 5

国家一般職・国税・財務の専門試験対策

空欄補充問題

正誤選択問題

長文読解問題

商業英語

商業用語のまとめ

国家一般職と国税・財務の
専門試験における英語の出題

　国家一般職［大卒］試験（行政区分）と国税専門官試験，財務専門官試験では，教養試験（基礎能力試験）の文章理解だけではなく，専門試験でも英語が出題されている。

　国家一般職では「英語（基礎）」と「英語（一般）」の2科目があり，各5問が出題される。国税専門官では「英語」と「商業英語」の2科目があり，各6問の出題となっている。財務専門官の「英語」は国税専門官と共通である。

●国家一般職「英語（基礎）」は準備をして臨もう

　「英語（基礎）」は，例年5問のうち3問が内容把握，残る2問は文法問題や空欄補充となっている。

　例年「事前に準備はしなかったが英語（基礎）を選択解答科目に選んだ」という受験者が存在する。英語に自信があるから「これといった準備」をしていない人もいるのだろうが，全体としてみると，このような受験者の合格率は高くない。どうせ本番で選択解答するのならば，事前に準備をしてから臨みたいものだ。

　文法問題などは，事前に準備をすれば確実に得点力が増すので，本章を活用してほしい。内容把握は時事的な文章が多いので巻頭特集やPART4などを活用しよう。

●国家一般職「英語（一般）」はアメリカの事情が頻出

　「英語（一般）」は出題されるほぼすべての問題が内容把握である。

　出題される文章を見ると，文化，環境，生活に関連するテーマのほか，世界各国の出来事が例年出題され，特にアメリカの国内事情や対外政策はほぼ毎年出題されている。5問中2問ないし3問を占めている場合もある。

　対策としては，PART1やPART4などを活用してほしい。

●国税専門官「英語」は経済・社会事情の多さが特徴

　「英語」は6問中2〜3問が内容把握で，残る3〜4問は空欄補充や文章整序，文法問題が出題されている。

　出題される文章を見ると，抽象的な内容のものはあまりなく，社会事情の出題が多い。アメリカの国内事情が多いのは国家一般職「英語（一般）」と同様であるが，日本を含むアジア各国の事情も多い。

　対策としては，PART1やPART4などを活用してほしい。

● **国税専門官「商業英語」は年々易しくなっている**

「商業英語」は，出題が始まった平成 12 年度には難易度が高かったが，その後，徐々に易しくなってきている。形式面でいうと，

・ 全文和訳は 12 年度には 7 問中 6 問を占めていたが徐々に減少し，20 年度以降は和訳問題自体の出題がなくなった。しかし，ここ数年は短い英文の日本語訳を問う問題が出題されている。

・ 16 年度以降は，内容把握が出題されるようになった。当初は「妥当な記述の組合せ」を選ばせる形式だったが，18 年度以降は単純な 5 肢択一式が中心になった。

・ 近年はシンプルに単語や文法の知識を問う問題が増えている。

といったことが挙げられるほか，問題文の分量も減少している。

内容面では，見積書や督促状，信用状といった商取引に関する文章がやや減り，経済用語に関する問題が増えている。とはいえ，商業用語や経済・金融に関する簡単な知識があれば容易に正答できる問題が出題されている。

本 PART では，主だった出題形式を実問で紹介しているほか，191 ページに商業用語をまとめているので活用してほしい。

国税専門官「商業英語」の出題傾向

年　度		23	24	25	26	27	28	29	30	元	2
形式・内容	出題数	7	6	6	6	6	6	6	6	6	6
英文和訳	全文和訳										
	下線部和訳					1	1				
	短文和訳							1	1		
和文英訳	長文英訳										
	短文英訳										
内容把握	組合せ問題		2								
	正答 1 つ					1					
	下線部の正誤					1					
空欄補充	空欄複数	2	1	1	1	2	3	2	2	4	4
	空欄 1 つ			4	1		1		1		
文章整序		1	1		1	1	1	2	1	1	1
適語選択			1	2		1					
文法問題		1		1		1	1				
商業用語の知識		3	1	3	4	1	1	1	1	1	1

（注）1 つの問題を複数の箇所にカウントしている場合もある。

空欄補充問題①

空欄補充問題は，文法・語法の幅広い分野から出題されており，偏りのない知識が求められる。体系的な文法の確認をしておくのはもちろんのこと，日ごろから英文に慣れておき，自然な表現を身に付けておくとよい。複数の空欄に入る適語の組み合わせを選択する形式が多いので，消去法も有効である。

※ 例 題

Select the appropriate combination of words to fill in the blanks of the following passage.

【平成 28 年度】

A recent study came (A) that talked about the health benefits of drinking coffee, but I am suspicious. This kind of information can contribute to an unhealthy misunderstanding. (B) moderation, coffee may be good for you, but to suddenly begin drinking four or five cups a day may bring (C) negative effects. You not only might feel jittery or nervous; excessive caffeine intake can also be the cause (D) mood swings.

	A	B	C	D
1	forward	Under	about	of
2	forward	Under	in	to
3	out	In	in	to
4	out	In	about	of
5	across	In	about	to

《 単語＆イディオム 》

□ suspicious　疑って	□ jittery　神経質な，いら立った
□ contribute to ~　~の一因となる	□ swing　変動

※ 解説 ※

A：come out で「（結果などが）出る」という意味。ここでは，続く that 以下の関係代名詞の節が，came out をはさんで主語の A recent study を修飾する形になっている。つまり，「～な最近の研究（結果）が出た」という意味である。

B：moderation は「節度，適度」という意味で，in moderation で「適度に」という意味。ここでは，文脈から「適度に（コーヒーを）とれば」という意味になる。このように，〈in ＋名詞〉の形でよく使われるイディオムには，in return「見返りに」，

in peace「安らかに」, in detail「詳細に」, in fact「実際に」などがある。

C：bring about ～で「～をもたらす，引き起こす」という意味で，他動詞の cause に置き換えることもできる。bring in ～は「～を持ち込む」という意味。

D：空欄直前の cause はその前に the が付いているので，名詞で「原因，理由」という意味である。(the) cause of ～で「～の原因」という意味になる。なお，「(主に感情など) の理由，原因」では，cause for ～，「～する理由」の意味では，〈cause + to 不定詞〉の形を用いる。

全　訳

　コーヒーを飲むことの健康面での利点について論じる研究結果が最近出たが，私は疑わしいと思っている。この類の情報は不健全な誤解の原因となりうる。コーヒーは適度にとれば，体によいかもしれないが，急に 1 日に 4 杯も 5 杯も飲むようになるのは，悪い作用をもたらす可能性がある。いら立ちや緊張を感じる可能性があるだけではない。過度のカフェイン摂取は気分変動の原因ともなりうるのだ。

正答 **4**

●**覚えておきたい語法・構文**●

(1) Someone **broke in** the house while the family went out for dinner.
　　一家が夕食に外出した間に，何者かがその家に押し入った。

(2) I **came across** a good idea when I was walking along the river.
　　川沿いを歩いているとき，私は名案を思いついた。

(3) John always **lives up to** our expectations.
　　ジョンはいつも私たちの期待に応えてくれる。

(4) Mrs. O'Brien finally **gave in to** temptation and ate the cake.
　　オブライエン夫人は，ついに誘惑に屈してそのケーキを食べた。

(5) Professor Ito is **acquainted with** neurobiology.
　　伊藤教授は神経生物学に精通している。

(6) Margaret's success is **attributed to** her constant effort.
　　マーガレットの成功は彼女のたゆまぬ努力に帰せられる。

(7) He was quite **beside himself with** strong anger.
　　彼は強い憤りで，まったく我を忘れた。

(8) The participants are listed **in** alphabetical **order**.
　　参加者はアルファベット順にリスト化された。

(9) This road has been **under construction** since last month.
　　この道路は先月から工事中だ。

(10) Mr. Moore was transferred to a local branch **at short notice**.
　　ムーアさんは突然，地方の支店へ転勤させられた。

会話の流れを把握し，空欄に適切な発話を選択する問題。空欄はアランの発言の中にあるので，冒頭からアランの立場に立って，会話の流れや話の展開を追っていけば，効果的に適切な表現を選ぶことができる。

例　題

Select the sentence which best fits in the blank of the following passage.

【平成 14 年度】

　　Brian and Jennifer have been invited to tea by Alan. The three of them are old friends and therefore speak quite informally.

Brian:　　Hello, Alan, here we are at last. Sorry we're late.

Jennifer: It was my fault. I forgot my handbag and had to go back for it.

Alan:　　It doesn't matter in the least. Come on in. Make yourselves at home while I go and put the kettle on.

Brian:　　Ouch! Help! Help! Alan, your blasted dog's trying to bite me.

Alan:　　Down, boy, down! I'm terribly sorry, Brian. He doesn't usually behave like this.

Brian:　　Never mind. He hasn't really hurt me.

Jennifer: Oh dear, Alan, I've done a most stupid thing. When Brian shouted just now he made me jump and I knocked over the ink-bottle. Now there's ink all over your nice table.

Alan:　　That's all right. There's no real harm done.

Jennifer: Let me wipe it up. Where can I find a cloth?

Alan:　　Don't worry, Jennifer, I'll do it. ☐☐☐☐☐☐☐ Are you sure you're O.K., Brian?

Brian:　　Yes, really, it's nothing. Let's all stop apologizing and have tea.

1 I'm to blame for having made you at home.

2 I'm in the wrong for not warning you about the furniture.

3 By the way, how do you like my table and my dog?

4 I'll leave it to you if you insist.

5 It's my own fault for having such a temperamental dog.

☐ not ～ in the least　少しも～ない	☐ blame ～ for ...　～を…でとがめる
☐ blasted　ひどい，いまいましい	☐ in the wrong　誤って，間違って
☐ down　座って，身をかがめて	☐ leave ～ to ...　～を…に託す
☐ cloth　ふきん	☐ temperamental　怒りっぽい

❋ 解説 ❋

　アランが親しい友人であるブライアンとジェニファーを家に招いたという場面設定である。ブライアンとジェニファーが約束よりもやや遅れて到着するが，アランは2人にまずくつろぐようにと促す。そのとき，アランの犬がブライアンに嚙みつき，ブライアンの叫び声に驚いたジェニファーがインク瓶をひっくり返してしまう。テーブルにこぼれたインクを「私が拭くわ」と申し出るジェニファーに対して，アランは「気にしないで。ジェニファー，僕がやるから」と言う。空欄には，これに続くアランの発言が入る。また，空欄の後でブライアンが「みんな，謝るのはこれくらいにして」と発言していることから，アランは自分が悪いという趣旨の発言をしていることが読み取れる。

1.（訳）君をくつろがせた僕が悪いんだよ。

　➡ ジェニファーがくつろぐことと，インク瓶をひっくり返したことには，因果関係はないので，不適。

2.（訳）その家具について君に注意しておかなかった僕が悪いんだよ。

　➡ ジェニファーが「立派なテーブル」とは言っているが，アランが特にテーブルを重視している様子はないので，不適。

3.（訳）ところで，君はうちのテーブルと犬が気に入ったかい？

　➡ アランが，気まずい空気を感じて何とかしようとして発言したと考えても唐突な内容であり，空欄の後の発言にもつながらないので，不適。

4.（訳）君がどうしてもやるっていうんなら，君に任せるよ。

　➡ ジェニファーがインクを自分で拭くと言い張っている様子はないので不適。

5.（訳）そんな怒りっぽい犬を飼っている僕の責任だよ。

　➡ 事態を収拾するのに最適な発言である。

［全　訳］ 次の会話文の空欄に入れるのに最も適する文を選びなさい。

　ブライアンとジェニファーは，アランからお茶に招かれた。3人は昔からの友人なので，非常にくだけた話し方をしている。

ブライアン：　　やあ，アラン，やっと着いたよ。遅れてすまない。

ジェニファー：　私のせいなの。ハンドバッグを忘れて取りに戻らなきゃいけなかったの。

アラン：	ちっともかまわないよ。さあ，入って。ちょっとやかんをかけてくるから楽にしてて。
ブライアン：	痛いよ！　やめろ！　やめてくれ！　アラン，君の凶暴な犬が噛みつこうとしてるよ。
アラン：	お座り，しっ，お座り！　本当にすまない，ブライアン。いつもはこんなことしないんだが。
ブライアン：	いや，いいよ。傷はそれほどひどくないから。
ジェニファー：	まあ，アラン，私ったらとんでもないことをしたわ。ブライアンが今叫んだものだから，驚いた拍子にインク瓶をひっくり返しちゃったの。立派なテーブル一面にインクをこぼしちゃったわ。
アラン：	だいじょうぶだよ。何てことないさ。
ジェニファー：	私，拭くから。ぞうきんはどこ？
アラン：	いいよ。ジェニファー，僕がやるよ。そんな怒りっぽい犬を飼ってる僕の責任だよ。ブライアン，本当にだいじょうぶかい？
ブライアン：	ああ，本当に何でもないさ。みんな，謝るのはこれくらいにして，お茶にしようよ。

正答 5

168

正誤選択問題

　文法的に正しい文を選ぶ問題。単文形式で英文の内容自体はとくに難しくない。ただし、派生語の品詞の違いや名詞・動詞の変化形など細かいポイントを抑えておく必要があるので、PART 2を繰り返し学習するなどして本番に備えたい。

※（例　題）

Select the sentence which is grammatically correct. 　　　　【令和元年度】

1 No sooner did John arrive at work than the heavy rains started.

2 Sarah's new computer is far more quickly than her old one.

3 The dinosaurs are thought to have disappeared due to frozen weather.

4 Whenever I'm boring, I like to read the feeds on social media.

5 Why are so many people concerning with the lives of others?

※ 解説 ※

1.（訳）ジョンが職場に着くやいなや激しい雨が降り始めた。

　➡ no sooner ～ than ...「～するやいなや…」の構文。No soonerが文頭にくると、続く節に倒置が起こるので正しい。rainは、基本は不可算名詞だが、修飾語を伴うと可算名詞になることにも注意する。

2.（正しい英文の訳）サラの新しいコンピューターは彼女の古いものよりはるかに速い。

　➡ 比較の構文だが、基本は第2文型であり、isのあとには名詞句または形容詞句がこなければならない。quicklyは副詞なので誤り。

3.（正しい英文の訳）恐竜は凍り付く天候のために絶滅したと考えられている。

　➡ freezing weatherであれば「凍り付く（ような）天候」の意になる。frozen weatherとすると、「（天候が）凍らされる」ことになり適切な意味にならないので誤り。

4.（正しい英文の訳）退屈なときはいつも、私はソーシャルメディアでフィードを読むのが好きだ。

　➡ 「（人が）退屈している」はbored。boringは「（物・事が）退屈させる」なので、誤り。

5.（正しい英文の訳）なぜそれほど多くの人が他人の生活に関心を持つのだろうか。

　➡ concernは他動詞で、目的語を必要とするので誤り。「～に関心を持つ」の意味にするには、be concerned with ～のように受動態にする必要がある。

正答 **1**

植物が気候の変化に関与していることは, 今日の見地からは明白だが, この英文では, かつて政治的な背景や学問上の立場からそれが見過ごされてきた事情が述べられている。いくつか見慣れない単語もあるかもしれないが, 選択肢の多くが英文と同じ単語で構成されているので, それを手がかりとして正否を見極めよう。

■ 例 題

Select the statement which best corresponds to the content of the following passage. 【令和元年度】

The schism between the atmospheric and life sciences that Abigail Swann, professor at the University of Washington, encountered was a holdover from the late 1800s, when the U.S. government proclaimed that planting crops and trees would turn the arid Great Plains wet. The government had embraced a dubious theory pushed by land speculators and rejected the counsel of one of the nation's top scientists, John Wesley Powell. Spurred on by such optimistic but dubious claims, thousands of would-be farmers headed west, only to find that greening the land did not, in fact, make it rain. Many struggled to scrape a living from the dry ground, and the ill-conceived agricultural experiment eventually contributed to the devastating Dust Bowl.

Scientists reacted strongly. Early meteorologists, hoping to save their young field's credibility, rejected the notion that forests influence weather. "Much of the discussion of it, unfortunately, has not been of a purely scientific character," one wrote in 1888 in Science. Meteorology, and later climate science, became the study of air and water. Plants were relegated to passive-participant status.

Atmospheric scientists — and everyone else — could be excused for thinking of a stoically standing tree or a gently undulating wheat field as doing little more than passively accepting sunlight, wind, and rain. But plants are actually powerful change agents on the planet's surface. They pump water from the ground through their tissues to the air, and they move carbon in the opposite direction, from air to tissue to ground. All the while, leaves split water, harvest and manipulate solar energy, and stitch together hydrogen, oxygen, and carbon to produce sugars and starches — the sources of virtually all food for Earth's life.

The key features of this molecular wizardry are pores, called stomata, in plant

170

leaves. A single leaf can contain more than 1 million of these specialized structures. Stomata are essentially microscopic mouths that simultaneously take in carbon dioxide from the air and let out water. As Swann notes, the gas exchange from each stoma — and indeed from each leaf — is, on its own, tiny. But with billions of stomata acting in concert, a single tree can evaporate hundreds of liters of water a day — enough to fill several bathtubs. The world's major forests, which contain hundreds of billions of trees, can move water on almost inconceivably large scales. Antonio Nobre, a climate scientist at Brazil's National Institute for Space Research, has estimated, for example, that the Amazon rainforest discharges around 20 trillion liters of water a day — roughly 17 percent more than even the mighty Amazon River.

1 Plants have little effect on the movements of air and water on Earth's surface.

2 Rainforests may contribute to moving water, but on a very small scale.

3 Great numbers of people moved west to become farmers, but many of them had a hard time making a living.

4 The pores in plant leaves called stomata cannot take in carbon dioxide from the air and let out water at the same time.

5 When the U.S. government proclaimed in the late 1800s that planting crops and trees would turn the arid Great Plains wet, all of the nation's top scientists supported the government's position.

単語＆イディオム

☐ schism　分裂，分離	☐ undulate　波のように動く
☐ holdover　遺物，残留物	☐ manipulate　〜を操る
☐ arid　乾燥した	☐ stitch　〜を縫い合わせる
☐ speculator　投機家	☐ starch　デンプン
☐ scrape　〜を苦労して得る	☐ molecular　分子の
☐ contribute to 〜　〜の一因となる	☐ wizardry　妙技，すぐれた技術
☐ devastating　壊滅的な，衝撃的な	☐ pore　（皮膚などの）小さい穴
☐ meteorologist　気象学者	☐ stomata　stoma（気孔）の複数形
☐ relegate　〜を格下げする	☐ evaporate　〜を蒸発させる
☐ stoically　平然と	☐ discharge　〜を排出する

※ **解説** ※

1. (訳)植物は地球の表面の大気と水の移動にほとんど影響を与えない。

　➡ 第3段落に「植物は実は地球の表面における強力な変化要因である」と書かれており、続いて植物が水と炭素の移動に関与していることが示されている。また第4段落には森林が大量の水の放出を行っていることが書かれており、誤り。

2. (訳)熱帯雨林は水の移動の一因となるかもしれないが、非常に小さい規模においてである。

　➡ 第4段落に、気候科学者アントニオ・ノブレの試算として、「アマゾンの熱帯雨林は1日におよそ20兆リットルの水を放出する」という記述があり、誤り。

3. (訳)大勢の人が農場主になるために西部に移動したが、彼らの多くは生計を立てるのに苦労した。

　➡ 第1段落で、農場主志望の大勢の人が西部へ向かったこと、さらに、彼らの多くが乾燥した土地から生活の糧となるものを手に入れることに苦労した様子が書かれているので、正しい。

4. (訳)植物の葉にある気孔と呼ばれる小さな穴は大気からの二酸化炭素の吸収と水の放出とを同時に行うことはできない。

　➡ 第4段落で「気孔」の説明として「大気からの二酸化炭素の吸収と水の放出を同時に行う」とあるので、誤り。

5. (訳)1800年代後半に、アメリカ政府が作物や樹木を植えることで乾燥したグレートプレーンズが湿潤になると公表した際、国内有数の科学者たちはみな政府の立場を支持した。

　➡ アメリカ政府の公表した見解については、第1段落で述べられている内容と合致するが、政府はこの際、「国内有数の科学者の1人〜の助言を退けた」とあり、科学者の一部に政府の立場に反対する意見があったことが読み取れるので、誤り。

全　訳 次の文の内容に最も合致する記述を選びなさい。

　ワシントン大学のアビゲイル・スワン教授が目にした、大気科学と生命科学の間の断絶は1800年代後半から引き継がれた遺物であった。当時アメリカ政府は、作物や樹木を植えることで乾燥したグレートプレーンズが湿潤になると公表した。政府は土地の投機家たちによって後押しされた疑わしい理論を擁護して、国内有数の科学者の1人であったジョン・ウェズリー・パウエルの助言を退けたのである。こうした楽観的ではあるものの疑わしい主張に拍車をかけられて、農場主を目指す何千もの人々が西部へ向かったが、結局のところ土地の緑化は実際には降雨をもたらさないと知ることになった。大勢の人が乾いた土地からけずりとるようにして苦労して生活の糧を手に入れ、その思慮の浅い農業の実験は結果的には壊滅的なダスト・ボウルの一因となった。

　科学者たちは強く反応した。初期の気象学者たちは自分たちの未成熟な分野の信頼性が損なわれないことを願って、森が気象に影響を与えるという考えをはねつけた。「不運にも、その議論の大部分は純粋に科学的性質のものとなっていない」と、ある学者は1888年、『サイエンス』誌に書いた。気象学およびのちの気候科学は大気と水に関する

学問になった。植物は消極的関与者の位置に退くことになった。

　大気科学者たち，および他のすべての人は，平然と立つ樹木や穏やかな波のように揺れる小麦畑を，日光や風雨を受動的に受け止めているくらいの働きしかしないものとして考えることを許容されていた。しかし，植物は実は地球の表面における強力な変化要因である。それらは大地から自らの組織を通じて大気中へと水を汲み上げ，その逆に，大気から組織，大地へと炭素を移動させるのだ。その間絶えず葉は水を分解し，太陽エネルギーを取り入れて操作し，水素，酸素，炭素を組み合わせて，地球の生命にとってほぼすべての食料の源となる糖やデンプンを生み出す。

　この分子レベルの妙技の重要な特徴は植物の葉にある気孔と呼ばれる小さな穴である。たった1枚の葉にこのような特別な構造が100万余りある場合もある。気孔は基本的には顕微鏡レベルの小さな口であり，大気からの二酸化炭素の吸収と水の放出を同時に行う。スワンが述べているように，各気孔単体では（実際には各葉単体としても），気体のやり取りはわずかな量だ。しかし数十億の気孔が一斉に作動するので，1本の樹木は1日に数百リットルの水を蒸散することができる。それは複数の浴槽を満たすのに十分な量だ。世界の主要な森林には，数千億本もの樹木があり，およそ想像もできないくらいの規模で水を移動させることができる。例えば，ブラジル国立宇宙研究所の気候科学者であるアントニオ・ノブレの試算によると，アマゾンの熱帯雨林は1日におよそ20兆リットルの水を放出するという。それは，広大なアマゾン川すら約17％も上回る量の水だ。

正答 3

173

長文読解問題②

インターネットの登場は，他人とつながる可能性を劇的に拡張した。では，人が本当に親密な関係性を維持できる知人の最大値は，ネット登場以前と以後でどう変化したのか。選択肢の内容は，本文の記述の順に並んでいるので，英文を読み進めながら順に確認していこう。

※【例 題】

Select the statement which best corresponds to the content of the following passage.　　　　　　　　　　　　　　　　　　　　　　　　【令和2年度】

If you've ever been romantically rejected by someone who just wanted to be friends, you may have delivered a version of this line: "I've got enough friends already." Your implication, of course, being that people only have enough emotional bandwidth for a certain number of buddies.

It turns out that's not just an excuse. There are well-defined limits to the number of friends and acquaintances the average person can retain. But the question about whether these limits are the same in today's digital world — one in which it's common to have social media profiles, or online forums, with thousands of followers — is more complicated.

According to British anthropologist Robin Dunbar, the "magic number" is 150. Dunbar became convinced that there was a ratio between brain sizes and group sizes through his studies of non-human primates. This ratio was mapped out using neuroimaging and observation of time spent on grooming, an important social behaviour of primates. Dunbar concluded that the size, relative to the body, of the neocortex — the part of the brain associated with cognition and language — is linked to the size of a cohesive social group. This ratio limits how much complexity a social system can handle.

Dunbar and his colleagues applied this basic principle to humans, examining historical, anthropological and contemporary psychological data about group sizes, including how big groups get before they split off or collapse. They found remarkable consistency around the number 150.

Thus far, the research of Dunbar and colleagues on online relationships suggests that these are similar to offline relationships in terms of numerical restrictions. "When people look at the structure of the online gaming world, they get virtually the same layers as we get in all of the other contexts," he says. "And it just looks as though it's the same design features of the human mind that are imposing constraints on the number of individuals you can kind of work with mentally at any one time."

Dunbar and colleagues also have performed research on Facebook, using factors like the number of groups in common and private messages sent to map the number of ties against the strength of those ties.

When people have more than 150 friends on Facebook or 150 followers on Twitter, Dunbar argues, these represent the normal outer layers of contacts (or the low-stakes connections): the 500 and 1500. For most people, intimacy may just not be possible beyond 150 connections. "These digital media — and I'm including telephones in there — are really just providing you with another mechanism for contacting friends," Dunbar says.

Even the possibility of anonymity online doesn't seem to Dunbar to be substantially different to the offline world. He compares anonymous internet interactions to the use of confessionals in the Catholic church. It isn't a close relationship, but it is one that recognises the benefits of confidentiality among quasi-strangers.

"It's extremely hard to cry on a virtual shoulder," Dunbar deadpans. "Having a conversation isn't like a lighthouse; it is not just blinking away out there and maybe someone is listening, and maybe somebody is not."

1 Robin Dunbar is an anthropologist, who is also interested in magic, numbers, and non-human primates.

2 Through his studies of non-human primates, Dunbar found out that there was a connection between brain sizes and group sizes, but no such relationship could be found in humans.

3 The study by Dunbar and his colleagues is not relevant to relationships in today's digital societies.

4 According to Dunbar's study, intimacy for most people may be possible beyond 150 connections if they use digital media.

5 Dunbar sees similarities between anonymous internet interactions and the use of confessionals in the Catholic church.

☐ implication　暗示，ほのめかし	☐ cohesive　団結した
☐ bandwidth　データ転送量	☐ consistency　一貫性
☐ retain　〜を持ち続ける	☐ constraint　制限，束縛
☐ anthropologist　人類学者	☐ intimacy　親密な関係
☐ primate　霊長類の動物	☐ anonymity　匿名(性)
☐ neuroimaging　神経画像	☐ confessional　ざんげ室
☐ grooming　毛繕い	☐ confidentiality　機密保持
☐ neocortex　大脳新皮質	☐ quasi-　半〜，準〜
☐ cognition　認知，認識	☐ deadpan　無表情で(冗談などを)言う

解説

1. (訳)ロビン・ダンバーは人類学者であるが，魔法や数字，そして人間以外の霊長類に関心を抱いてもいる。

➡ 第3段落に，150 を "magic number"「魔法の数字」とするダンバーの見解が述べられているが，これは人が持つことのできる友人や知人の数の最大値について述べたものであり，ダンバーがとくに魔法や数字に関心を抱いているとする記述はないので，誤り。

2. (訳)ダンバーは，人間以外の霊長類を研究することにより，脳の大きさと集団の大きさとの間に関連があることを見つけたが，このような関係性は人間には見られなかった。

➡ 第3段落で，人間以外の霊長類の研究から「脳の大きさと集団の大きさの間にはある比率が存在する」ことがわかったと述べられており，第4段落では，この研究結果を人間に適用して，数値上の一貫性を見つけたとされているので，誤り。

3. (訳)ダンバーのチームによる研究は，今日のデジタル社会の人間関係とはあまり関連性がない。

➡ 第5段落で，数の制約があるという点で，ネット上の人間関係はネットの外の人間関係と類似していることが述べられている。また第6・7段落ではFacebook を使った研究が述べられているので，誤り。

4. (訳)ダンバーの研究によると，デジタルメディアを使えば，たいていの人にとって150を超える親密な結びつきが可能になるかもしれない。

➡ 第6・7段落によると，ダンバーは，Facebook や Twitter を例にして，親密な関係の最大値を 150 としているので，誤り。

5. (訳)ダンバーは，インターネットの匿名のやりとりとカトリック教会のざんげ室の利用との間に類似性を見ている。

➡ 第8段落によると，ダンバーは，インターネットの匿名のやりとりをカトリック教会のざんげ室の利用になぞらえ，両者の間に「半分他人である者同士で秘密

を共有する利点のある」という類似性を指摘しているので，正しい。

　もしあなたが恋心をいだいている相手に，お友達でいたいわと断られた経験があるなら，次のようなセリフに類するものを言い放ったのではないだろうか。「友達ならもう十分いるさ」。このセリフには，当然，人間の精神的なデータ転送量はある一定数の友達で十分となることを暗示している。

　それは実は単なる言い訳ではない。平均的な人間が持ち続けられる友人や知人の数には明確な限界が存在するのだ。しかし，こうした限界が今日のデジタル社会で不変であるかどうかという問いはもっと複雑だ。この社会では，ソーシャルメディアのプロフィールやネット上のフォーラムを持ち，何千人ものフォロワーをかかえているのが当たり前になっている。

　イギリスの人類学者ロビン・ダンバーによると，150 が「魔法の数字」だ。ダンバーは，人間以外の霊長類を研究するうちに，脳の大きさと集団の大きさの間にはある比率が存在すると確信するようになった。この比率が，霊長類の重要な社会行動である毛繕いに使われた時間の観察と神経画像を使うことでマッピングされた。認識と言語に関係する脳の部位である大脳新皮質が，体に対してどれくらいの大きさであるかは，まとまりのある社会集団の大きさと関連があると，ダンバーは結論づけた。この比率は社会システムがどの程度複雑なものを扱えるかを規定している。

　ダンバーの研究チームは，この基本原則を人間に当てはめてみて，どれくらいの大きさの集団になると，分裂したり崩壊したりするかといった，集団のサイズに関する歴史学のデータ，人類学のデータ，そして現代心理学のデータを調べた。彼らは，150 という数字の前後で驚くほど一定であることを発見した。

　これまでのところ，ネット上の人間関係に関するダンバーのチームの研究は，数の制約があるという点で，ネットの外の人間関係と類似していることを示唆している。「ネットゲームの世界の構造を眺めるとき，人は他のすべてのコンテクストで持つのとほぼ同じ階層を持っているのです。それはまるで，人間精神の設計図の特性が，何らかの瞬間にちょっと精神的な共同作業をすることのできる人の数に制約を課しているかのようです」とダンバーは言う。

　彼らはまた，Facebook での研究も行った。共通のグループ数や内輪の送信メッセージ数といった要素を使い，つながりの強さに対するつながりの数をマッピングした。

　Facebook で 150 人を超える数の友達を持っていたり，Twitter で 150 人を超える数のフォロワーを持っていたりする場合，これは 500 や 1500 といった，通常の交際における外側の層（つまり，関与の薄い結びつき）を表している，とダンバーは論ずる。たいていの人にとって，結びつきが 150 を超えると親密な関係はまったく不可能になるのかもしれない。「こうしたデジタルメディアは，電話も含めてだが，実際のところ友達と連絡をとるための別の仕組みを単に提供しているにすぎません」とダンバーは言う。

　ネット上の匿名性という可能性さえ，ダンバーは，ネットの外の世界と実質的に異なるとは考えていない。彼は，インターネットの匿名のやりとりをカトリック教会のざんげ室の利用になぞらえる。それは親しい関係性ではなく，半分他人である者同士で秘密を共有する利点のある関係性なのだ。

　「ヴァーチャルな肩にすがって泣くことは恐ろしく難しいのです」とダンバーは真顔で言う。「会話をするということは灯台のようなものではありません。それは単に明滅して辺りを照らすというのではなく，聞いてくれる人もいれば，聞いてくれない人もいるということなのです」

正　答 **5**

地震は恐ろしい自然災害の１つであるが，実は人間の活動が引き金となって起こる地震も発生している。問題の英文では，これら人為的地震の主な要因を，数値や事例を交えて述べている。地震の要因とその発生件数や特徴を整理して読み進めたい。

例題

Select the statement which best corresponds to the content of the following passage.　　　　　　　　　　　　　　　　　　　　　【平成 30 年度】

The effects of human-induced earthquakes may be similar to those created by nature, but are often seen in regions with little or no previous seismic activity. Most natural earthquakes happen along fault lines, which are commonly (but not exclusively) found where tectonic plates converge. But earthquakes triggered by human activity can occur far from the edges of tectonic plates.

Exactly what causes each induced earthquake depends on the type of human activity.

According to the report's data, found on a publicly accessible database, mining accounted for the highest number of human-induced earthquakes worldwide (many earthquakes clustered around 271 sites). The removal of material from the earth can cause instability, leading to sudden collapses that trigger earthquakes.

Multiple earthquakes at 167 sites — and by far the deadliest ones — were triggered by what the report calls water reservoir impoundment, or dam building.

In 2008, an estimated 80,000 people died or went missing following a 7.9 earthquake in China's Sichuan province. Scientists believe it was triggered by the weight of 320 million tons of water that had been collected in the Zipingpu Reservoir — over a well-known fault line.

In the U.S., the conversation around human-induced earthquakes has largely centered around fracking for oil and natural gas, given the rapid spread of the technology in many states. According to the U.S. Geological Survey, fracking can induce seismic activity, both directly and from disposing of wastewater used in the process — the byproduct of water, sand, and chemicals used to hydraulically fracture hydrocarbons from rock. That high-pressure wastewater can crack rocks and lubricate faults.

In the study, the authors found 29 project sites where earthquakes were induced by fracking itself, 36 sites where quakes were induced by post-fracking wastewater disposal, and 12 sites with temblors induced by unspecific oil and gas wastewater disposal. In the case of Oklahoma, which has experienced heavy fracking activity, hundreds of small earthquakes have been observed annually in a region that was previously more geologically quiet.

Earthquake triggers were also identified from nuclear explosions in 22 locations and two construction sites.

"All anthropogenic projects influence forces acting in the Earth's crust," said Miles Wilson, a University of Durham geophysicist who collected the study's data. "For example, by adding or removing mass, so we shouldn't be surprised that the Earth responds to these changes and that in some cases earthquakes are the response."

1 The type of human activity which most commonly causes human-induced earthquakes is dam building.

2 In the U.S., debates on human-induced earthquakes are focused on the effects of nuclear explosions.

3 The weight of water collected to create reservoirs can cause deadly earthquakes.

4 Human-induced earthquakes may be caused by mining, but not by other anthropogenic projects.

5 It is almost impossible to identify whether an earthquake was caused by human activities or by forces of nature because their features are very similar.

《 単語&イディオム 》

☐ induce　〜を引き起こす	☐ byproduct　副産物
☐ seismic　地質の	☐ hydraulically fracture
☐ fault line　断層	〜を水圧で破砕する
☐ tectonic plate　（構造）プレート	☐ hydrocarbon　炭化水素
☐ converge　集まる	☐ lubricate　〜を円滑にする
☐ cluster　集まる	☐ temblor　地震
☐ reservoir　貯水池	☐ anthropogenic　人間が原因の
☐ impoundment　囲い込み，貯水池	☐ the Earth's crust　地殻
☐ fracking　水圧破砕法	☐ geophysicist　地球物理学者

1. （訳）人為的地震の原因として最も一般的なタイプの人間の活動はダムの建造である。

➡ 第3段落に「採掘が世界中の人為的地震の最大数の原因となっている」という記述があり，誤り。ダム建設については，第4段落に「飛びぬけて多くの死者を出す地震も起きている」と書かれているが，本文に挙げられた数字からも「最も一般的」とは言えない。

2. （訳）アメリカでは人為的地震に関する議論の重点は，核爆発の影響に置かれている。

➡ 第6段落に「アメリカでは，人為的地震に関する議論の多くは，石油や天然ガスのための水圧破砕法をめぐるものだ」という記述があり，誤り。

3. （訳）貯水池をつくるために集められた水の重みが，死者を出すほどの地震の原因となりうる。

➡ 第4段落で，ダム〔貯水池〕が引き金となって起こる地震の数が述べられ，第5段落では，その例として「推定8万人の死者・行方不明者」を出した中国四川省の地震が述べられている。この地震の原因は「紫坪埔貯水池に集められた3億2千万トンの水の重みだと科学者たちは考えている」ので，正しい。

4. （訳）人為的地震は採掘が原因で起こることはあるが，他の人間の手による事業が原因で起こることはない。

➡ 第3段落で「採掘」を「最大数の原因」と述べたあと，第4段落以降では，ダムの建造や核爆発が人為的地震の引き金として述べられている。また，第9段落では，地球物理学者マイルズ・ウィルソン氏の見解を引用する形で，「あらゆる人間の手による事業が地殻の力に影響を与え，その反応として地震が起こることがある」という内容を述べているので，誤り。

5. （訳）いずれの地震も特徴がとても似ているので，その地震が人間の活動によって起こったのか，あるいは自然の力によるものかを特定するのはほとんど不可能だ。

➡ 第1段落で，人為的地震と自然に発生した地震について，影響が互いによく似ていることを認めつつ，発生する場所の相違を述べているので，誤り。

全 訳 次の文の内容に最も合致する記述を選びなさい。

人工的誘引による地震の影響は，自然に発生した地震の場合と似ていることがあるが，人為的地震はかつて地震活動がほとんど，あるいはまったくなかった地域に起こることが多い。たいていの自然地震は断層に沿って起こり，断層は一般に（例外がないわけではないが）構造プレートが集まるところに見られる。しかし，人間の活動が引き金となった地震は，構造プレートの端から遠く離れたところで発生する可能性がある。

それぞれの人為的地震の正確な原因は人間活動の種類による。

公表されたデータベースを基にした報告のデータによれば，採掘が世界中の人為的地震の最大数の原因となっている（多くの地震が271の現場周辺で起きている）。地中の

物質を取り去ることは不安定の要因となり，結果として地震のきっかけとなるような突然の崩落につながる。

　報告では貯水のための池とされているが，ダムの建造が引き金となる地震が，167の現場で多数起きており，飛びぬけて多くの死者を出す地震も起きている。

　2008年に中国四川省でマグニチュード7.9の地震が起き，推定8万人の死者・行方不明者が出た。この地震の引き金になったのは，有名な断層の上にある紫坪埔貯水池に集められた3億2千万トンの水の重みだと科学者たちは考えている。

　アメリカでは，人為的地震に関する議論の多くは，石油や天然ガスのための水圧破砕法をめぐるものだが，この科学技術は多くの州で急速に広まっている。アメリカ地質調査所によると，水圧破砕法は，直接的に地質活動を誘発すると同時に，作業工程で，岩盤の炭化水素を水圧破砕するために使われる化学物質と，水，砂の副産物である廃水の排出を通じても地質活動を誘発する可能性がある。その高圧の廃水は岩盤にひびを生じさせ，断層を滑りやすくすることがあるのだ。

　研究論文の著者は，水圧破砕法自体が地震の誘因となっている事業現場を29か所，水圧破砕後の廃水の排出が地震の誘因となっている現場を36か所，何らかの石油・ガス採掘の廃水の排出が地震の誘因となっている現場を12か所確認した。水圧破砕法の作業が活発に行われてきたオクラホマ州の事例では，かつては地質学的にもっと安定していた地域で数百の小規模地震が毎年観測されている。

　また，22か所の地点と2つの建設現場では，核爆発が地震の引き金であると確認された。

　「あらゆる人間の手による事業は地殻で作用する力に影響を及ぼします」と研究データを収集したダラム大学の地球物理学者マイルズ・ウィルソン氏は語る。「例えば，大量の物質を追加したり取り除いたりすることによってです。ですから，地球がこうした変化に反応することや，場合によってはその反応として地震が起こるということに驚くべきではないのです」。

正答 **3**

商業英語①

貿易取引において必修の用語の知識を問う語句定義問題。基本的な貿易用語の意味や大まかな貿易手続きの流れを確認しておくとよい。

■〔例 題〕

次の A ～ D の用語とこれに対応するア～エの説明を結び付けた場合に，妥当なものを組み合わせているのはどれか。　　　　　　　　　　　　【平成 22 年度】

A　Letter of indemnity
B　Letter of credit
C　Letter of license
D　Letter of comfort

ア　A letter stating that the organization issuing it will compensate the person to whom it is addressed for a specified loss.
イ　A letter from one banker to another authorizing the payment of a specified sum to the person named in the letter on certain specified conditions.
ウ　A letter from a creditor to a debtor, who is having trouble raising the money to settle the debt.
エ　A letter to a bank from the parent company of a subsidiary that is trying to borrow money from the bank.

1 A －ア，B －イ，C －ウ，D －エ
2 A －ア，B －ウ，C －イ，D －エ
3 A －イ，B －ア，C －ウ，D －エ
4 A －ウ，B －イ，C －ア，D －エ
5 A －エ，B －イ，C －ウ，D －ア

《 単語&イディオム 》

☐ indemnity　保障，賠償，補償		☐ specified　明確に述べられた，指定の	
☐ credit　貸付金額，信用		☐ authorize　許可する，権限を与える	
☐ license　許可，認可		☐ name　名前を言う［挙げる，列挙する］	
☐ comfort　慰め(となるもの)，快適さ		☐ condition　条件	
☐ state　～を明確に述べる		☐ creditor　債権者，貸し主	
☐ issue　(声明などを) 出す，発行する		☐ debtor　債務者，借り主	
☐ compensate　償う，補う		☐ settle　借金を払う，清算する	
☐ address　宛名を書く		☐ subsidiary　子会社	

※ 解説 ※

ア　(訳)その書状を発行した組織が，書状の受取人に対して，指定された損失額を補償することを述べた書状

➡ 日本語では「補償状」といい，貨物の不足や船積遅延など，信用状と条件不一致のある輸出手形の買取り時に，買取依頼人から為替銀行が徴求する単独の念書のこと。英語では Letter of indemnity という。

イ　(訳)ある銀行家から別の銀行家へ，ある特定の条件下で，書面に記載された人物に対して一定金額の支払いを承認する書状

➡ 日本語では「信用状」といい，銀行が発行する代金支払いの確約書のこと。英語では Letter of credit といい，L/C と略す。

ウ　(訳)債権者から，債務を清算する資金の調達に問題が生じている債務者への書状

➡ 債務者に対して，支払期日の延期を債権者が認める旨を記載した承諾状のこと。英語では Letter of license がこれに当たる。

エ　(訳)銀行から資金を借りようとしている子会社の親会社から，その銀行への書状

➡ 銀行に対して親会社が発行する一種の保証書で，「経営支援念書」「指導念書」などと呼ばれる。主に財務内容に関する報告・意見などが記載され，子会社に対する指導・監督等を確約する文書のことである。英語では Letter of comfort（あるいは comfort letter）という。

以上より，**1**の A −ア，B −イ，C −ウ，D −エが正しい。

正答　**1**

もともと英語には動物を使った表現が多いが，なかには政治経済などの分野でよく使われるものがある。いずれも動物を比喩的に用いて，特定の事象をイメージしやすく表現したものである。例題に出てくる用語はどれも一般的なものなので，必ず覚えておこう。

▣ 例 題

次の A ～ E の用語とその用例のうち，妥当なもののみをすべて挙げているのはどれか。　　　　　　　　　　　　　　　　　　　　　　　【平成 26 年度】

A　A little bird told me: If someone doesn't want to say where they got some information from, they can say that a little bird told them.

B　Bear market:　A bear market is a period when investors are optimistic and there are expectations that good financial results will continue.

C　Bell the cat:　To bell the cat is to perform a difficult or impossible task.

D　Bird's eye view:　If you have a bird's eye view of something, you can't see it clearly.

E　Bull session:　If you have a bull session, you have an informal group discussion about something.

1　A，B
2　B，C
3　C，D
4　A，C，E
5　B，D，E

《 単語＆イディオム 》

☐ investor　投資家	☐ financial　金融の
☐ optimistic　楽観的な	☐ task　任務，職務
☐ expectation that ～　～という見込み	☐ session　会議，会合

A （用例の訳）情報の出所を言いたくない場合，a little bird told them（小鳥が自分に教え てくれた）と言うことができる。

➡ 用語は，日本語の慣用表現では「風の便りに聞いた」と言い表すことができる。 この表現を使うことによって具体的に誰から聞いたかを明かさずに情報を提示で きるので，用例に合致する。

B （用例の訳）bear market とは，投資家が楽観的で金融市場は好況が続くという見込みの ある時期のことである。

➡ 用語の bear market は「弱気市場，下げ相場」という意味で，値下がりが懸念 され投資家が悲観的になっている状態を表すので，用例とは反対の意味となり不 適。用例の状況を表す語は bull market「強気市場，上げ相場」である。bull「雄牛」 の角は上に突き上げているので「上げ相場」，bear「クマ」は上から下に襲い掛か るので「下げ相場」と覚えるとよい。

C （用例の訳）「猫に鈴をつける」とは，困難または不可能な任務を遂行することである。

➡ 用語の bell the cat は，ネズミたちが猫の首に鈴をつける相談をするというイ ソップ寓話がもとになっている。ネズミにとって天敵である猫の首に鈴をつけれ ば，鈴が危険を知らせて自分たちの身を守ってくれるが，鈴をつける役目が最も 危険を伴うという内容から，誰もが嫌がる困難なことを引き受けることのたとえ である。よって用例に合致する。

D （用例の訳）物事について a bird's eye view（鳥の視点）を持てば，それをはっきりと見 ることはできない。

➡ 用語の bird's eye view は「鳥瞰図，概要」の意味。鳥のように高い所から見 渡した全体像のことで，用例とは意味が異なる。用例は，暗い場所で視力が利か ないことを表す「鳥目」という言葉を連想させるが，「鳥目」を英訳すると night blindness となる。

E （用例の訳）bull session をする場合，何かについて形式ばらないグループ討論をする。

➡ 用語の bull session は「（ざっくばらんな）自由討論」の意味。よって用例に 合致する。bull「雄牛」は，B で挙げた bull market「上げ相場」にもあるように， 勢いがあって活発な様子を連想させる語で，他に bull *one's* way「押し進む」など の表現がある。一方，cow「雌牛，乳牛」を使った表現に，till the cows come home「長い間，いつまでも」がある。

正答 **4**

文を並べかえて，税務用語について説明する文章を完成する問題である。接続詞や副詞・代名詞などを手がかりに読み解けば，必ずしも専門用語の知識は必要ではないが，tax haven など，近年話題のテーマや用語はある程度理解しておくと心強い。

■ 例　題

次のA〜Dの文は，BEPS（Base Erosion and Profit Shifting：税源侵食と利益移転）について述べたものである。これらを正しい順に並べたものとして，妥当なのはどれか。　　　　　　　　　　　　　　【平成29年度】

A. This undermines the fairness and integrity of tax systems because businesses that operate across borders can use BEPS to gain a competitive advantage over enterprises that operate at a domestic level.

B. Although some of the schemes used are illegal, most are not.

C. BEPS refers to tax planning strategies that exploit gaps and mismatches in tax rules to artificially shift profits to low or no-tax locations where there is little or no economic activity.

D. Moreover, when taxpayers see multinational corporations legally avoiding income tax, it undermines voluntary compliance by all taxpayers.

1 A → C → D → B
2 A → D → C → B
3 C → A → B → D
4 C → B → A → D
5 C → B → D → A

《 単語&イディオム 》

□ undermine　〜の土台を壊す	□ refer to 〜　〜を表す，指す
□ fairness　公平性	□ artificially　人工的に，人為的に
□ integrity　規準，一体性	□ taxpayer　納税者
□ tax system　租税制度	□ income tax　所得税，法人税
□ scheme　計画，陰謀，たくらみ	□ voluntary　自発的な
□ illegal　違法の	□ compliance　法令順守

BEPS とは，多国籍企業が，その活動実態と各国の税制や国際課税ルールとの間のずれを利用することで，課税所得を人為的に操作し，課税逃れを行っている問題を指す。この際，企業が利益の移転先に使う法人税の低率な国や地域を tax haven（タックスヘイブン，租税回避地）と呼び，カリブ海や南太平洋に多く存在する。経済活動の活発な先進国ではもとより，開発途上国では貧困の 1 つの要因にもなっており，合法とはいえ改善が待たれる問題である。

A （訳）国境を越えて事業展開する企業は，BEPS を駆使して，一国内のみで事業展開する企業に対する競争優位性を得られるので，これは租税制度の公平性と一体性を損なう。

　➡ 大部分が合法である BEPS について，その主要な問題点を述べたもので，B の後に続けるのが適する。なお英文冒頭の This は，A と B の内容全体を指す。

B （訳）その計画の中には違法なものもあるが，たいていは合法である。

　➡ BEPS の定義をふまえ，その違法・合法性を補足したもので，C の後に続けるのが適する。なお英文中の the schemes は，A の BEPS または C の tax planning strategies と同じものを指す。

C （訳）BEPS は，課税原則上のずれやミスマッチを利用した税務手法を指し，経済活動実態が僅少であるか皆無である，低税率もしくは無税の土地に利益を人為的に移転させるものである。

　➡ BEPS の定義を説明したものであり，冒頭部分に適する。

D （訳）さらに，多国籍企業が法人税納税を合法的に回避するのを納税者が目にすれば，全納税者の自発的な法令順守の基盤を揺るがすことになる。

　➡ BEPS の問題点を追加して述べたもので，A の後に続けるのが適する。なお英文冒頭の Moreover は「さらに，その上」と，追加して情報を述べる際に用いる。同様の表現としては，in addition，also，besides，furthermore などがある。

以上より，**4** の C → B → A → D の順が妥当である。

正答 **4**

ビジネスレターのパラグラフを整序する問題。手紙の送り主が，受け手との取引関係において，どのような順序で情報を伝えるかに注意する。商業英語の英文を読み解くため，経済や経営，貿易に関する知識や用語をある程度身につけておこう。

※【例 題】

次のレターの本文のパラグラフ　A　～　E　を正しい順に並べたものとして，妥当なのはどれか。　【平成23年度】

Dear Dr. Jones:

A　We are a leading engineering company in Japan and have carried out research in waste water treatment since 1970. Three years ago, our treatment department developed a completely new process for treating waste water from petro-chemical and chemical plants. Since your plant is located in a valley many meters below sea level, we believe that your waste water can be treated successfully by our process, to avoid a pollution problem.

B　For your information, a brochure describing our process is enclosed.

C　We have learned from The International Chemical Magazine for March that you are having a difficult waste water pollution problem.

D　We trust that we can be of some assistance to you in the near future.

E　One of the engineers in our waste water treatment department is scheduled to visit the U.S. during the first part of June to attend the World Pollution Seminar to be held in New York on June 7 and 8. We would be glad to have him take this opportunity to meet with you to discuss your problem.

Very truly yours,

MINATO CHEMICAL CORP.
Hiroshi Tamura
Hiroshi Tamura, President

```
1  A→C→B→D→E
2  A→C→B→E→D
3  A→E→C→D→B
4  C→A→B→D→E
5  C→A→E→B→D
```

単語＆イディオム

☐ leading 主要な，一流の，すぐれた	☐ sea level 海水面，海水位
☐ engineering 工学，エンジニアリング	☐ avoid 避ける，回避する
☐ carry out （計画などを）実行に移す	☐ pollution 汚染，公害
☐ waste water 廃水	☐ brochure 小冊子，パンフレット
☐ treatment 処理，取り扱い	☐ describe 叙述する，説明する
☐ department 部門，事業部	☐ enclose 同封する
☐ develop 発展させる，開発する	☐ assistance 助力，支援
☐ petro-chemical 石油化学の	☐ hold （会などを）開く，開催する
☐ plant 工場，施設	☐ opportunity 好機，チャンス，機会

解説

　これまで特に取引実績のない海外企業に対して，自社の事業を紹介し，商談の機会を得ようとするビジネスレターである。

A　冒頭に We are a leading engineering company とあるように，レターの送り主側が受け手側に対して自分たちがどういった会社か述べることから始まっている。最後には，自社が開発した処理プロセスを利用すれば，受け手側が抱える問題を回避することができるということが述べられている。

　➡ 自己紹介をする内容から始まっているので，このパラグラフがレターの後半にくることはないと考えられる。内容がレターの主題（レターを送ったねらい）へと移っていることに注意して読み進める。

B　パンフレットを同封したので参考にしてほしいという趣旨の文。For your information は「ちなみに，ご参考までに」という意味で使われる。

　➡ 補足として加えられた一文ととらえることができる。レターの後半にくると考えられる。

C　レターの受け手側が廃水の問題を抱えていることを知ったいきさつを述べた文。

　➡ このレターを送った理由が書かれている。Aのパラグラフが主題まで踏み込ん

でいるので，それよりも前にこの一文を入れると流れが自然になる。

D　送り主側が受け手側の役に立つという文。

➡自分たちが有益であると念を押す一文と受け取れる。レターを締めくくるのに
適した内容といえる。

E　送り主側の技術者がアメリカに行く機会があるので，会って話し合いたいとい
う趣旨のパラグラフ。

➡レターの主題から，さらに具体的に話を進める内容となっている。このパラグ
ラフをAの後に続けると違和感がない。

以上より，**5**のC→A→E→B→Dの順が妥当である。

全　訳

ジョーンズ博士：

[A]『インターナショナル・ケミカル』誌の３月号の記事で，御社が困難な廃水汚染の問
題に直面していることを知りました。

[B] 弊社は日本のすぐれたエンジニアリング会社であり，1970年より廃水処理の研究を
行っております。３年前に，弊社の処理事業部は石油化学工場や化学工場からの廃水を
処理するまったく新しいプロセスを開発いたしました。御社の工場は海水面よりかなり
低いくぼ地にありますので，汚染問題を回避するために弊社のプロセスによって御社の
工場の廃水をうまく処理できるものと考えております。

[C] 弊社の廃水処理事業部の技術者の１人が，６月７～８日にニューヨークで開催され
る世界公害セミナーに出席するため，６月初旬にアメリカ滞在を予定しております。御
社の問題について直接お会いして検討すべく，この機会を利用できれば幸いに存じます。

[D] ご参考までに，弊社のプロセスを記載したパンフレットを同封しております。

[E] 近い将来，微力ながら御社にお力添えできると確信しております。

敬白

ミナト化学株式会社

代表取締役　田村博

正答 **5**

定型的貿易取引条件（インコタームズ）など，基本的な用語からしっかりと覚えていこう。

- **accounts** 勘定書，請求書
- **ad valorem** 従価
- **arbitration** 仲裁
- **award** 落札決定，裁定
- **balance sheet** 貸借対照表
- **bill of exchange (B/E)** 為替手形
- **bill of lading (B/L)** 船荷証券
- **carriage and insurance paid to (CIP)** 輸送費・保険料込渡
- **carriage paid to (CPT)** （指定仕向地までの）輸送費込渡
- **commodities** コモディティーズ，国際商品
- **consignee** （委託販売の）受託者，荷受人
- **consignor** （委託販売の）委託者，荷送人
- **cost and freight (CFR)** 運賃込渡
- **cost, insurance and freight (CIF)** 運賃・保険料込渡
- **delivery duty paid (DDP)** 関税込・仕向地持込渡
- **delivery duty unpaid (DDU)** 関税抜・仕向地持込渡
- **documents against acceptance (D/A)** 引受渡
- **draft** 為替手形
- **drawee** （為替手形の）支払人
- **drawer** （約束手形の）支払人，（為替手形の）振出人
- **firm offer** 確定的売申込，確定申込，ファーム・オファー
- **force majeure** 不可抗力
- **free alongside ship (FAS)** 船側渡
- **free carrier (FCA)** 運送人渡
- **free from particular average (FPA)** 分損不担保
- **free on board (FOB)** 本船渡
- **invoice** インボイス，請求書，送り状，積荷明細書
- **irrevocable letter of credit** 取消不能信用状
- **letter of credit (L/C)** 信用状
- **negotiation** 輸出手形の買取
- **purchase order** 注文書，発注書
- **quotation** 見積もり
- **refund** 返金
- **remittance** 送金
- **revocation** 取り消し
- **shipper** （貿易貨物の）荷送人
- **shipping instructions** 船積依頼書，船積指図
- **tariff** 関税
- **tax allowance** 税控除
- **tax return** 納税申告（書）
- **telegraphic transfer** 電信送金
- **trade terms** 取引条件
- **trust receipt (T/R)** 担保荷物保管証
- **usance bill** 期限付為替手形

編集協力：(株)群企画
表紙デザイン：斉藤よしのぶ

公務員試験　速攻の英語

2021 年 3 月 1 日　初版第 1 刷発行　　　　　　　　　　　　　　　　　（検印省略）
2024 年 2 月 5 日　初版第 2 刷発行

編　者——資格試験研究会
発行者——淺井　亨
発行所——株式会社実務教育出版
　　　　　〒 163-8671　東京都新宿区新宿 1 - 1 -12
　　　　　☎編集 03-3355-1812　販売 03-3355-1951
　　　　　振替　00160-0-78270
印　刷——シナノ印刷
製　本——東京美術紙工